AtV

TILO KÖHLER, 1955 in Babelsberg geboren, wuchs in Brandenburg auf, lernte Hochseefischer, holte auf dem zweiten Bildungsweg sein Abitur nach, studierte Germanistik, arbeitete als wissenschaftlicher Assistent an der Humboldt-Universität Berlin, als Verlagslektor und freier Journalist. Bislang erschien von ihm die Trilogie »Unser die Straße – unser der Sieg« (1993), »Kohle zu Eisen – Eisen zu Brot« (1994) und »Lust am Schaffen – Freude am Leben« (1995), ein Buch über Täve Schur und die Friedensfahrt, »Der Favorit fuhr Kowalit« (1997), und der Roman »Comedian Harmonists« (1998).

Anfang der neunziger Jahre begann Tilo Köhler die Arbeit an seiner Trilogie der frühen Jahre: Die Stalinallee – Die Stalinstadt – Die Stalinwerke sind inzwischen als einer der unterhaltsamsten und fröhlichsten Parforceritte durch die fünfziger und sechziger Jahre der DDR beinah Kult. Die Idee von einem Dreiklang Festtag – Alltag – Werktag dankt sich letztlich der beschriebenen Zeit selbst, in der es kaum ein Autor, der sich ernst nahm, unter einer Trilogie machte.

Das erste Buch schaut, wie ein Film, in die vollen Schaufenster der prächtig ausstaffierten Straße und erzählt in amüsanten Rückblenden vor jeder Auslage eine Kulturgeschichte en miniature der verschwundenen DDR – sei es nun vor dem Sporthaus oder dem Buchladen, dem Schuhgeschäft oder der Fischverkaufsstelle, dem Nationalitätenrestaurant oder den Schaukästen der Post.

Tilo Köhler

UNSER DIE STRASSE – UNSER DER SIEG

Die Stalinallee

Aufbau Taschenbuch Verlag

Mit 42 Abbildungen

ISBN 3-7466-1561-5

1. Auflage 1999
Aufbau Taschenbuch Verlag GmbH, Berlin 1999

Umschlaggestaltung Torsten Lemme
unter Verwendung eines Fotos aus dem Archiv des Autors
Druck Ebner Ulm
Printed in Germany

»Wäre es schön? Es wäre schön!« – so titelte das »Neue Deutschland« im November 1952 mit beherzter Frage und gab mit der bangen Antwort auch den Startschuß für das Nationale Aufbauwerk, vor allem aber für den Baubeginn der großen Straße, die den Namen Stalins tragen und ihn ehren würde. Überdies gab es den ungewöhnlichen Komfort in Auftrag, als der ganz reale Alltag noch viel eher ungemütlich war. Die Zeiten, als Parteien noch ärmlich, aber ehrlich mit dem Slogan warben: »Wählt Ihr uns, so wählt Ihr Euch«, sahen sich genau so überwunden wie der Kohldampf vieler rauher Nachkriegswinter auch; dabei war es noch gar nicht allzu lange her, daß ein berühmter Kardinal aus Köln am Dom dem Kohlenklau persönlich seine Nachsicht kundtat, stellvertretend und in höherem Auftrag, wie sich absolut versteht. Zur etwa gleichen Zeit trat Polens Maltalent Gratkowski vor die Staffelei und schuf ein Triptychon, das neben Krupp und Halder auch dem Gottesmann vom Rhein den Pinsel vorhielt, denn der spätere Kunstpreisträger hatte Frings als klerikalen Ostlandritter längst erkannt und nun auch endlich künstlerisch als Satan im Ornat entlarvt. Da war die Welt noch klein und übersichtlich, denn vor allem war sie zweigeteilt.

Doch flüsterte schon damals mancher der Befreiten, daß der Mensch nicht nur vom Brot alleine lebe und besonders nicht, wenn er nur wenig davon hat. Viel häufiger trägt er in Zeiten schwerer Niederkünfte große Pläne aus, und 1951 zog hier Walter Ulbricht, klassenkampferprobte Hebamme, ein Kind

Strausberger Platz, Richtung Lichtenberger Straße, 1954

aus Stein ins fahle Morgenlicht. Es sollte bessere Zeiten sehen, als sie selbst der Lindenboulevard gesehen hatte, und vor allem größer, breiter und moderner sein und dennoch märchenhafte Züge tragen, denn es wollte auch den Wettlauf zwischen Ost und West für sich entscheiden. Sicher schien das Rennen später manchem nicht mehr unbekannt, doch 1952 hielt man sich mit literarischen Vergleichen noch zurück. Erst in den Sechzigern, als manche löbliche Beschreibung früher Tage langsam ihre Komik offenbarte, wenn die Hauseingänge der Allee zum Beispiel mit den großen Banken ausländischer Metropolen in Vergleich gerieten, und als unsere Straße geradezu fundamental die elegante Losung

»Überholen ohne einzuholen«

zu illustrieren schien, erinnerte der Baubeginn an die Vergeblichkeit der Hasenwette; die war schließlich nicht nur lächerlich, sie war auch ein geglückter Grabenkampf und sah den unbedachten Kontrahenten jämmerlich verenden.

Beim Enttrümmern, 1952

Bei den ersten Spatenstichen aber ließ sich selbst der Erste Sekretär von seiner Sekretärin übers Telefon verleugnen, er sei unerreichbar – und »beim Schippen«. Hand in Hand mit seinen Aktivisten buddelte sich Walter Ulbricht vorwärts, die besaßen seinerzeit noch selten schöne Namen wie Anita Bammel, Margarete Petersilie oder Rudi Rubbel. Die Akteure aus dem Westen trugen ungleich feinere, von Brentano etwa hieß der Chef des Außenamtes und sein Amtskollege aus Paris gar Robert Schuman.

Die viel weniger geschliffenen Namen im bekannten Proletarierviertel stiegen dafür morgens in die feingetragene Wäsche, doch der öffentliche Kunstverstand, der hier nicht unbedingt modernen Impressionen folgte, war noch weit entfernt davon, die Steineklopfer Ostberlins zum Dank mit denen von Monet in einem Licht zu sehen. Vielleicht im Kinderlied erheischten sie noch familiäre Anerkennung, wenn zur alten Melodie das zeitgemäße Lob gesungen wurde:

»Tanz, Kreisel, tanz,
die Straß' ist wieder ganz,
der Vater baut ein großes Haus,
die Mutter sucht die Steine aus,
tanz, Kreisel, tanz.«

Um vieles ungelenker wollte Brecht dem infantilen Gassenhauer einen neuen Sinn verordnen, als er länderübersteigend und elysisch schrieb:

»Flieg, Drache, flieg,
am Himmel ist kein Krieg,
und reißt die Schnur,
so fliegt das Ding
hoch über Moskau bis Peking,
flieg, Drache, flieg.«

Ganz offenbar war schon die Vorlage vom kriegsmüden Marienkäfer so fade, daß sie weder Sowjetmensch noch Reisbauer veredeln konnten, doch im Geiste überflog sie stolz die Kontinente.

Hier vor Ort jedoch geriet die neue selbsternannte Hauptstadt nicht nur publizistisch aus den Fugen, immerhin ersparten unsere Steineklopfer im Verbund mit ihren Trümmerfrauen dem burschikosen, doch noch äußerst anfälligen Staatsgebilde freiwillig gut fünf Millionen Mark. Nur Unverfrorene oder Ahnungslose könnten heute darauf verfallen, zum gleichen Preis ein gut erhaltenes Mietshaus der Allee auf eigenem Grunde zu erwerben. Zwar wird nach wie vor charlottenburgert, sie sei fünfzehn Kilometer weit entfernt vom Zentrum, somit allenfalls am Rand der Stadt gelegen, aber die Bewohner dieser Straße haben einschlägige Kenntnis, wie es früher oder später jeder Blasphemie ergehen muß. Und vielleicht sieht man gerade daher und in immer größerer Zahl die fastfood- und bigmacverhetzten Weltenbummler über Stalins Boulevard flanieren, die hier anderes als KaDeWe, Kempinski oder Kranz-

Hochhausneubau am Strausberger Platz, 1954

Brunnen am Strausberger Platz, 1968

ler suchen; 1952 aber lud der Kudamm noch als erster zum Spaziergang ein, er war zum großen Teil schon wieder hergerichtet und Berlins Adresse Nummer eins. Wer heute aber wieder gern das Brot der frühen Jahre schnuppert, schnauft sich auch ein bißchen durch die ganze Pracht des Aufatmens nach 1945, und er sucht ein wenig auch in unserer Straße die verlorene Zeit der ehrgeizigen Habenichtse, die sich selbst noch vierzigjährig und im Gouvernantenrock als strenge, aber anmutige Feen verstand.

In aller Regel kommen die Besucher, den gelöst-floralen Schwung noch passioniert im Herzen bergend, aus dem Westen, das ist hier auch geographisch zu verstehen und meint den ALEXANDERPLATZ, das Areal im Zentrum, das sich westlich der Allee befindet und noch jedes einfühlsame Herz erschüttern konnte; mancher der Besucher wird »Bonjour, Tristesse« bis hierher wohl mit »Guten Tag, Berlin« ins Deutsche übertragen. So betritt er unsere Geschichte zwar durch ihre

Hintertür, doch anders als im Krebsgang hat man sich noch nie erinnert. Hier am STRAUSBERGER Rondell, dem PLATZ mit seinem übergroßen Wasserspiel, in welchem man bei Sonnenschein den vielzitierten Regenbogen sieht, stehen die zuletzt vollendeten, mithin die jüngsten Bauten der Allee, und deren allerjüngster ist der wundersame Brunnen aus Nirosta-Stahl. Ein Wasserreifen hält die Schwebe zwischen den Fassaden, er gab auch dem Brunnen seinen offiziellen Namen – »Schwebender Ring«, verspielt und leicht wie Schnitzlers »Reigen« für die loseren Naturen, schwer wie Wagners »Nibelungen« für die Grübler und Beladenen. Glaubt man der damaligen Presse, nannte jeder ihn »Parteitags-Brause«, eine hausgemachte Mischung, dankbar wie respektlos gleichermaßen, so hat man die Landeskinder sicher gern durch die Artikel schimmern sehen. Und tatsächlich mußten die hier nie nach oben buckeln, sondern immer nur nach unten, wo die seltenen Waren oft zum Greifen nahe lagen, zum Daruntergreifen nahe, müßte man präzise sagen. Noch bis in die fünfziger Jahre fuhren Ostberliner Planschfamilien vor das Brandenburger Tor, den Kindern solche Wasserspiele vorzuführen, doch in den Folgejahren opferte man beide Brunnen des Pariser Platzes höheren Weihen. Mit dem neuen Wassersprudel faßte man die hingegangenen zusammen, und da jeder seinerzeit neun Meter hohe Wellen machte, sprengte unsere Fontäne nun mit achtzehn Metern in die Höhe, das war wiederum entschieden weniger als ein Entwurf noch dreißig Jahre früher. Da versprach der Führer, als er fünfzig wurde, seinem Volke eine Stadt zu bauen, und deren Zentrum zierte im Modell ein großer Brunnen am nunmehrigen Ernst-Reuter-Platz. Und diesen säumten wiederum vier Stelen, die auch Hermann Henselmann ursprünglich noch ins bauliche Kalkül gezogen hatte, schließlich aber siegte der historische Instinkt mit knapper Not, die Stelen blieben im Entwurf zurück wie schon des Führers hochherziges Stadtpräsent. Doch auch der neue Brunnen sah sich als Offerte, immerhin gehörte er zu jenen spritzigen

Geschenkideen, die alle ausgezählten Jubeljahre wieder die Parteitagsstimmung heben wollten, und wie stets in einer zweckbestimmten Bindung wurden die Geschenke in genau dem Maße nobler, wie sich die Beziehung, einer Seite zum Verdruß, nun langsam, aber sicher löste. Für die gute Laune späterer vorwärtsweisender Zusammenkünfte brauchte es schon mehr als nur ein Wasserspiel, der zwanzigste Geburtstag der noch immer jungen Republik zum Beispiel packte 1969 immerhin schon den Vergnügungspark im Plänterwald mit seinem Riesenjahrmarkt auf die Festtagswiese, die am nächsten Morgen aussah wie nach einer Nacht im Freien und den Gästen dieser Party seinerzeit bereits Millionen auferlegte, ohne daß die sich deshalb umschlungen fühlten. So viel Heimlichkeit bot hierzulande die Parteitagszeit, den aber tiefsten Griff ins schlappe Haushaltssäckel machte der »Palast der Republik« erforderlich, und doppelt war insofern 1976 vor dem Neunten SED-Konvent die Überraschung, als Bedachte wie Bedenker ausnahmsweise gleicher Sinn vereinte: dieses war ganz zweifellos ein Haus, das man sich schenken konnte.

Da nun jede wirkliche Erinnerung mit einer echten Täuschung ihren Anfang nehmen muß, gehen wir dem angebotenen Schwindelkurse nach und starten die Visite trotzig am Finale der Allee. Gerade so gelingt es uns am besten, den Impulsen ihrer Schöpfer artig nachzugehen und hier von einem Pathos des Erbaulichen gepackt zu werden wie beim Eintritt in ein sakrosanktes Haus. Der Neue Mensch, er sollte gläubig, sittenstreng und durstig allenfalls nach großen Taten sein, denn immerhin war er bereits die Krone jeder Schöpfung, und im Führungsanspruch aller Schaffenden sah sich die Gattung selbst ins säkulare Paradies versetzt; vor dessen Pforte aber riefen Engelszüge mit Fanfaren noch einmal zum letzten, diesmal unumkehrbar siegreichen Gefecht.

Im Vorhof des erdachten Paradieses war es da noch eher zugig, und der »Frische Wind«, der auch der einzigen Satirezeitschrift ihren Namen gab, blies hier den meisten ganz erbärm-

Hochhaus am Strausberger Platz, 1953

lich ins Gesicht und trieb so manchen aus dem Neuen Leben fort ins alte Paradies der Parasiten. Derweil focht die Spötterredaktion:

»Mit scharfer Klinge
gegen alle Meckerlinge«

und tat äußerst unversöhnlich, als die Zeit schon lange wieder nach Satire schrie. Die Illustrierte »Zeit im Bild« ermahnte ihre Leser ernster, las man doch an dieser oder jener unzerstörten Kirche noch die Inschrift, daß in Gottes Haus ein jeder Wohnung fände. Als die Zeitschrift endlich wieder auch mit einem langersehnten Kalendarium das Neue Jahr begann, servierte sie nun mütterliche Warnung im gelungenen Vers für alle frommen Mieter, die demnächst ins Haus zu stehen drohten, als sie riet:

»Wen Gott auf dieser Welt verdammt,
den schickt er auf das Wohnungsamt,
doch eine Wohnung kriegt er ganz bestimmt,
wenn Gott ihn wieder zu sich nimmt;
drum prüfe, wer sich ewig bindet,
ob er auch wirklich eine Wohnung findet.«

Aber auch die antiklerikale Führung und ihr bartbewehrter Obmann wollten seinerzeit mit ihren Gläubigen das Jammertal des Irdischen geschwind durchschreiten, und die Vorstellung »So tritt nun ein in unseren Dom«, sie mochte damals der Erneuerungsansatz sein, der all den Abgefallenen und Verführten ein im Wortsinn festgefügtes Leben wiederbringen sollte. Jenes Minimum an Trost verhieß zugleich ein Maximum an Wohlfahrt, aber vorerst noch lag zwischen beiden eine tiefe Grube. Die war im Versprechen zwar gedanklich übersprungen, aber baulich aufgelöst hat man im Deutschen diese Crux von jeher durch das Lieblingsmonument – den Turm. Standfestigkeit und Dauer bauten sich so vor dem Volke auf, die Schatten reichen bis hinein in seine festen Redewendungen, und mancher später dekorierte Dichter hat mit einem Türmer

Vor einem Café in der Stalinallee, 1954

»Maifeierlichkeiten in der deutschen Hauptstadt – U. B. z.: Unseren ausländischen Freunden gefällt die Stalinallee sehr gut. In freundschaftlicher Unterhaltung (v. l. n. r.) der Kandidat des Exekutivkomitees des Allchinesischen Gewerkschaftsbundes U Liang-tschie, Koll. Backe vom FDGB und der Verdiente Bergmann der Volksrepublik Polen Vincenz Heiduk.«

im Gedicht zum ersten Ruhm geblasen. Doch vor allem auch nach Kriegen, nach Verheerungen und Katastrophen trat die Vertikale auf den Plan, denn nach historischen Desastern sollte man nach vorne blicken oder gar in lichte Höhen. Lots Schicksal aber drohte allen, die den Blick nach rückwärts wenden, sich des hinter ihnen Liegenden noch einmal vergewissern wollten.

So fühlt man sich beim Betreten der First Avenue der Fünfziger fast überrumpelt, denn eröffnet wird sie unvermittelt wie von einer Riesenpforte durch die beiden Hochhaustürme; wuchtig, trutzig, erdgebunden stehen sie zur Linken und zur Rechten. Immer schon im deutschen Burgenbau hat die Synthese zwischen Turm und Tor gleich zweierlei bewirken sollen: Begrüßung und Willkommen einerseits in freundlicher Gemeinschaft, zugesperrte Türen und wehrhafte Fassade andererseits bei drohender Gefahr. Und überdies sollte der Gast stets von der Mächtigkeit der Tore schon auf die Betuchtheit all der Bürger schließen, welche sie beschützten. Bei dem Wohlstand jener, die nun hinter diesem Tore wohnen würden, mag das paradox erscheinen, aber gerade das Paradoxe ist vielleicht die Logik ihrer Auftraggeber, welche seinerzeit schon markig drohten:

»Unser die Straße – unser der Sieg.«

So mag der Neubeginn auch geographisch konsequent erscheinen, er führt fort vom alten Zentrum, weg vom Bummelsteg der totgesagten Müßiggänger der Geschichte, forsch hinein ins Neue Leben, dessen prominente Magistrale uns stadtauswärts und nach Osten führt. Ganz sicher sollte sie auch jene alte Achse zwischen den Berliner Schlössern Bellevue und Friedrichsfelde neu markieren, aber früh schon wollte man es hier dem Westen eher zeigen als sich wirklich ihm verbinden. Offenkundig nicht nur eine bauliche Zäsur, auch einen Fluchtpunkt der Geschichte wollte dieser Platz bestimmen und im übertragenen Sinn als Eintritt in die neue Stadt wie in die neue Zeit verstanden werden. Stets als schwungvoll-ungestüme sollte sich die künftige Epoche präsentieren, versehen mit einer festlich-heiteren Note, welche in den Schwingungen der Platzwände schon ihren Ausdruck suchte. Daß sich dieser Schwung dann in so schroff-soliden Grenzen hielt, war zu Beginn der Fünfziger noch nicht so abzusehen; doch klar war damals schon – hier wird die kleine Welt zur Großbaustelle.

Damals schrieb ein Zeitgenosse, daß kein Schauspieler wohl jemals mit erhabeneren Gefühlen eine festlich dekorierte Bühne unter seine Füße nahm als unsere Menschen diese schöne Straße. Ihre Häuser glichen ihm ganz jenen, wie sie die Riviera säumten, beispielsweise »Splendid-Palace«, das Hotel am Strand, wo der Kollege offenkundig häufiger Quartier nahm. Allerdings hat die Allee niemals auf ein Hotel verweisen können und ist so in einem völlig unverhofften Sinne ebenfalls historisch: als ein seltenes Beispiel für den rechnerischen Realismus auch der Planwirtschaft. Zwar staunten häufig größere Touristengruppen von den Zeitungsfotos, aber die waren offenbar tatsächlich von weither geholt, denn in der abendlichen Straße traf sie niemand, und so baute man den umgekehrten Heinzelmännern, die man nur am Tage sah, auch keinen großen Fremdenhof. Doch in den Häusern der Allee logierten vorzugsweise kleine Leute, Arbeiter und Angestellte, die den wißbegierigen Reportern aus der Sicht des Küchenfensters oder vom Balkon herab versicherten, sie seien die glücklichsten Familien in ganz Deutschland. »Nichts ist dümmer, als das Gute zu verneinen, wenn man es mit eigenen Augen sieht«, bedeutete ein westlicher Besucher seiner noch nicht völlig überzeugten Gattin, die bezweifelte, daß hier auch Arbeiter zu Hause sein. Nichts einfacher, als selber nachzusehen, »man wird uns nicht gleich als Spion verhaften«, scherzte er zum Abschluß der zitierten Episode.

Die geplante Straße aber sollte dauerhaftes Muster eines

Mikrokosmos sein, der vielen manches bot und später, falls die vielen auch in Zukunft botmäßig und fleißig blieben, jedem sogar alles; letztlich war auch der Marxismus selbst nur daher allmächtig, weil er harmonisch, abgeschlossen und als einheitlich daherkam. Doch zumindest weckte die Allee Erwartungen, wie sie die Mehrheit fraglos hegte, denn der kleine Organismus dieser großen Häuser schien fast alle Grundbedürfnisse und manch private Sehnsucht zu erfüllen; die Gesellschaft galt noch längst nicht als geschlossene, und wo der Teller sich bedeckt hält, braucht der Blick sich nicht zu heben, nicht einmal hinüber über dessen breiten Rand, geschweige denn zum nahen Horizont.

So ließ auch der in Stein gehauene Monolog aus Goethes »Faust«, der zwischen Beletage und Eingangstür am »Haus des Kindes« klassisch prangt, schon von Beginn an keinem Zweifler eine Chance:

»Solch ein Gewimmel möchte
ich sehn, auf freiem Grund
mit freiem Volke stehn.«

Die Bauherrn sollten zu »Vollstreckern« avancieren, die entschlossen-liebevoll das klassische Ideal ganz praktisch aus dem 18. ins 20. Jahrhundert holten; gleichermaßen sollte durch ihr Beispiel auch die allerletzte deutsche Schuld für immer abgegolten sein. In »Nationalen Dokumenten« zur historischen Mission und noch viel mehr zur zukünftigen Rolle sprach man von der jungen DDR ganz unbekümmert als dem »Dritten Teil des ›Faust‹«. Noch heute prangt die Inschrift unbesieglich überm unteren Entree der Straße, doch den auffahrenden Blick droht längst schon der Epochenknall zu blenden. Mittlerweile ziert das Dach des Hauses überlebensgroß der Schriftzug »Coca Cola Coke«, und niemand zweifelt bei der Wucht der neuen Lettern, wessen Sieg historisch hier Vollstreckung fand. Zumindest der Methode, welche »national in ihrer Form und fortschrittlich in ihrem Inhalt« auch den Realismusanspruch

Die nächtliche Allee, 1956

Stalinallee mit Blick in Richtung Alexanderplatz, 1953

ihrer Auftraggeber mit verbauen sollte, setzen sie entschieden einen drauf.

Uns aber kümmert die Verstiegenheit nur wenig, und wir werden sie nun flugs durchtauchen; steinerne Arkaden führen uns endgültig ins so aus- wie einladende Rund, das die Allee eröffnet. Jede Säule dieses Wandelgangs ist seltsam zierlich und massiv zugleich und setzt schon früh Signale, daß die Straße vieles bieten mag, nur eines nicht – Proletkult arrivierter Zuckerbäcker, und auch insgesamt ist unsere Straße, wenn auch nicht gerade wohlhabend, zumindest viel zu reich gegliedert, um sich stalinistisch zu genügen. Fast barocken Reichtum sollte sie versprechen, spiegeln konnte sie ihn nie. So mancher Pavillon aus Schinkels Werkstatt stand hier dennoch Pate, und der Baumeister hatte auch sonst am Fundament der Straße preußisch, also kräftig mitzumischen. Ganz besonders publizistisch, denn da mußten sich die Arbeiter-

Allee bei Nacht, 1955

paläste Walter Ulbrichts von Beginn an Interpreten lausig-hämischster Natur erwehren. Schließlich hatte man den Bau begonnen auf dem Höhepunkt des Kalten Krieges, und da mochte Schinkel integrierend wirken und integer als historische Figur; hiesige Bauarbeiterstiefel sollten jedenfalls auf seinen Spuren sicher in die lichte Zukunft stapfen. Sonst nämlich besaß das Unternehmen in ganz Deutschland, wenigstens in den Fiktionen seiner Auftraggeber, nirgendwo ein Vorbild; zu groß war die Pioniertat, sie mit irgendeiner anderen zu vergleichen. Der Berliner Klassizist verbürgte überdies solides Preußen und lokales Kolorit; für wichtiger noch galt den Planern Schinkels Glaube in den ungeteilten Nationalstaat, der im Jahre 1952 noch entschieden näher war als später dann, im Ausgang des Jahrzehnts. Und nicht zuletzt bot Schinkel auch Erhaben-Folkloristisches, doch das hieß seinerzeit hier noch: das Volkstümliche.

All die großen Schaufenster, die den Betrachter heute erwarten, können nicht mehr ganz so einfach eine Vorstellung vermitteln, was darunter zu verstehen war. Die ausgesprochen volkstümlichen Auslagen, die vierzig Jahre lang die Produktion der volkseigenen Werktätigen präsentierten und die allzeit den gesenkten Blick besorgten, sind verschwunden. Damals waren sie nicht nur vorgelagerte Verkaufsflächen, sie waren auch Vorposten für Schlachten, die man ökonomisch siegreich schlagen würde, doch von den Betrachtern ahnte sicher niemand die strategische Bedeutung dieser Späher mit den großen, blanken Schilden. Mittlerweile ist die lange Finsternis hier eingezogen, bis die Claims neu abgesteckt, die Ladentische neu vergeben sind. In ihren fetten Jahren schützten hier fast hundertfünfzig Läden, alle staatlicher oder Genossenschaftsbesitz, die tüchtigsten Geschäfte vor, bald sollen die überlebenden sich sämtlich in privater Hand befinden, noch aber sind weitaus mehr im Umbau als tatsächlich im Geschäft.

Wir halten uns nun weiter rechts, um uns das Kinderkaufhaus, das inzwischen schon zum »Kaufcenter« mutierte, von der Vorderseite anzuschaun. Als man es seinerzeit eröffnete, erschien der greise Präsident des jungen Landes noch persönlich, ohne daß das Fernsehen kam, das probte gerade erst die frühen Bilder. 1952 war in Adlershof um Haaresbreite der Triumph geglückt, die seinerzeit noch abzählbaren Zuschauer schon eine Woche vor der Konkurrenz im Westen mit so manchen weihnachtlichen Impressionen zu beschenken, und man feierte ihn als den Sieg der Schaffenden. Die norddeutschöffentlichen Gegner gaben sich bescheidener, »Wir wünschen uns, daß Sie uns freundlich ansehen«, sprach ihr erster Intendant vor Neujahr, und er ahnte sicher kaum, wie wenig freundlich schon das erste Jahr sich in den Flimmerkästen niederschlagen würde. Später sah man die gefilmten Helden aus den Sandmannstudios oft livehaftig auf der Puppenbühne des Theaters, das zum Haus gehörte und den Kindern einerseits die Preisdebatten ihrer Eltern, andererseits den Eltern die bekannten Nörgelein der Pioniere leichter machte. Meistgespieltes Stück war das vom Kater, der mit beiden Stiefeln fest im Neuen Leben stand und schließlich den verdammten Popanz fraß, doch ging es sicher nicht um diesen Sinn, vielmehr um seine arg- und ahnungslosen Fragen:

»Wem gehören denn alle diese Äcker?«

»Wem gehören denn all die Wiesen mit dem Heu und mit dem Vieh?«

»Und wem gehören denn diese Wälder?«

War der Katechismus durchgeklappert, gaben ihm die Kinder trampelnden Bescheid und riefen, immer wieder den Besitz anzeigend: »Uns«, nur »uns« und nochmals »uns«.

Auch Rotkäppchen rief hier gelegentlich die angegriffenen Besucher auf, im deutschen Walde den Gedanken an ein friedliches und freundschaftliches Miteinander zu verbreiten. So nur waren Fuchs und Wolfspelz zu besiegen, wenn sich Hase, Eichkater und alle anderen Vögel gegen ihre Peiniger verbündeten. Die Pioniere rückten nach der bühnenreifen Unterweisung kräftiger erklärten Feinden auf den Pelz, zum Beispiel den drei bösen »U«s, die sich als »Ungezogenheit«, als »Unruhe« und »Unordnung« ins neue Leben eingeschlichen hatten, doch die ABC-Schützen vertrieben traurige Vokale wie das Dichterliebchen »U« im Handumdrehen, es wurde einfach nicht gebraucht, wenn man im Liede hell die Sonne scheinen ließ. Sie trugen danach nicht nur stolzer noch ihr Tuch am Hals, vielmehr auf ihre Art entschiedener auch ihr Scherflein bei zur Finanzierung der Allee: so hingen in den Schulen große leere Tafeln, die im gnadenlosen Wettbewerb mit Ziegeln aus Papier symbolisch zuzukleben waren. Der Preis war nicht symbolisch, jedes einzelne der Steinphantome kostete zehn Pfennige, doch dafür hafteten die Papperfindungen zuweilen länger als die originalen Kacheln der Fassaden, erstere hörte man nach schon zwei Jahren auf die Straße poltern, zum Entsetzen nicht nur junger Eheleute und verstockter Tassensammler, die sich zwischen Anrichte und dem Buffet der guten Stube eben einzuleben drohten und befürchten mußten, daß der Goldrandsozialismus sich samt »Parsival«-Kaffeegeschirr und »Rheingold«-Kelchservice in Scherben stürzte. Allenfalls die Plaste und Elaste wußten solche Katastrophen zu vermeiden, als der Elefant für lange Zeit ums Porzellangeschäft vergeblich strich. Auf dieser Höhe gehen im übrigen der einheitlichen Straßenrandbeleuchtung erste Lichter auf, sie aber loben noch ein bißchen die Gesellenstücke Albert Speers, als der noch schön und fast zurückhaltend im Kleinen werkelte und nicht befeuert war vom Drang zum Großen. Zwischen Siegessäule und Charlottenbrücke kann man seine Kandelaber heute noch betrachten, sie entbehren des Gigantischen vollkommen; später hat Canetti hinreichend die größeren Entwürfe Speers beschrieben, auch und ganz besonders ihren Anteil für die folgende Enttrümmerung, die hier die Aufstellung von rund viertausend Scheinwerfern erforderte. Das dunkle Treiben und das Nachtleben der fünfziger Jahre zu erleuchten, brauchte man entschieden weniger. Noch in den frühen sechziger Jahren witzelte ein Staatsgast aus der Moldaurepublik, daß die Allee um zwanzig Uhr so turbulent sei wie der Wenzelsplatz um vier Uhr morgens, die Genossen schmunzelten verdrossen, aber 1968 sorgten sie dafür, daß auch der Mittelpunkt von Prag für lange Jahre nicht mehr das blieb, was er einmal war.

Auf unserer Einkaufsstraße sah man derweil nur am Tage die Bevölkerung der ganzen halben Republik nach seltenen Produkten unterwegs, ob nun im »Wartburg 311«, der seit dem Jahre 1956 Eisenachs Mobilbau krönte, oder im »Trabant 500«, jenem Kleinwagen mit Weltniveau, der dann seit 1958 mit nur fünfundachtzig Phon durchs neue Leben summte, aber mit genauso vielen Stundenkilometern. In dem kleinen Autolande glichen beide immer einer unvollständigen Familie, der wie nach dem Kriege überall der Vater fehlte. Drall die Limousine mit dem lebensrauhen Klang, daneben keck und spitz der zugehörige Trabant, ein dritter fehlte weithin sichtbar allezeit. Die Brudervölker schafften es reihum, zumindest einen Wagen vorzustellen, der auch außerhalb der eigenen Grenzen nicht sofort zu Menschenansammlungen führen mußte, selbst Rumänien kupferte französisches Format, die Patrioten hierzulande konnten diese Kränkung niemals ganz verwinden, wenn sie mit dem einen oder mit dem anderen landeseigenen Modell im Zweiertakt durch die geliebte Heimat tuckerten. Der letzte Hoffnungsschimmer, deutsche Autobaugeschichte fortzuschreiben, fuhr schon mit den ersten Prototypen in den Fundus, allenfalls im Raritätenparkhaus staunt man heute noch über einen handgearbeiteten DDR-Mercedes mit dem Namen »Sachsenring« oder den volkseigenen Armeleuteporsche, ganz aus Pappmaché und einigen Venylchloriden, den »P 70« mit der unvergleichlichen und lichtdurchströmten Pontonform. Die letztgenannte Type baute man im Hochgefühl der Zeit sogar als extraflaches Sportcoupé und stopfte so die Schandmäuler, die aus dem Namen des Modells auf seinen Materialwert schlossen, wenn sie frech behaupteten, er sei aus siebzig Nägeln und diversen Preßstoffpappen hergerichtet. Niemand mochte so, aus einsehbaren Gründen, schon von einer Blechlawine reden, doch auch diese wälzte sich bereits durchs ganze Land, das sich schon längst zum Ordensstaat gemausert hatte. Walter Ulbricht ehrten früh die Pioniere schon als »Goldenen Schneemann«, Erich Honecker als ihren Ehrenpionier. Und Erich Mielke, dem bekanntlich jeder Sinn für Infantiles fehlte, ließ sich lieber zum »Verdienten Eisenbahner« küren, während sein Vier-Sterne-Generals-Kollege Hoffmann sich den Titel »Ehrenobstbauer« ans silbrig blinkende Revers zu heften wußte. Als der unrühmliche Saarländer dann 1989 die Geschäfte noch für kurze Zeit an seinen aufgeräumten Nachfolger zu übertragen glaubte, wurde ihm zuerst der »Ehrenpionier« entzogen – Kindermund tut Wahrheit kund. Die ruppige Verkehrsform mochte viele überraschen, doch schon 1952 forderten die Straßen ganz genauso viele Opfer wie die Kriege 1870/71, so historisch gab sich damals ein Verkehrsminister und erinnerte bei solcher passenden Gelegenheit zugleich die letzten Unternehmen, die die Deutschen siegreich angezettelt hatten.

Folgt man als Besucher nun dem sanften Halbkreis unseres Platzes rechterhand, wird die schon längst entflammte Neugier auf die Büste von Karl Marx gelenkt, die hier Gelassenheit und Gleichmut preist, denn beides ist vonnöten für die unverdiente Durststrecke in Sachen »Gut gekauft ist gern gekauft«, die jetzt zu absolvieren ist. Als Denkmal nimmt das Standbild niemand ernst, es gibt sich fast als Understatement in dem großen Rund, verdankt es sich doch selbst den Führungsschwächen und historischen Vergeßlichkeiten der Geschichtemacher. Als der große Sohn aus Trier vor einem kugelrunden Jubiläum stand, erinnerten sich seine selbsternannten Erben erst an dieses feierliche Datum, als selbst schnellste Modellierer, die schon ganze Hundertschaften aus der Form gezogen hatten, nichts mehr hätten für ihn tun können. Da blieb nur der Griff ins Magazin, das größte Exemplar erklärte man zum Trostpflaster und klebte es am Rasen vor der Apotheke fest, von wo der Klassiker seit langem schon nach Westen schaut. Aus Fairneßgründen hat schon dieser wie auch alle anderen Teile der Allee großzügig Fluchten in ihr Hinterland gelassen, und Enttäuschte können jederzeit das Weite suchen oder einfach umkehren. Auch zur U-Bahn kann man in gefälligen Etappen untertauchen, wenn sie ursprünglich auch nicht gerade errichtet wurde, um sich mit ihr abzusetzen.

»Mit der U-Bahnlinie E
zu den Läden der Allee«,

so fuhren die Verkehrsbetriebe damals unsere Menschen an. Geblieben ist von all den Läden vorerst wenig, immerhin hat das Diätgeschäft sich nicht gebeugt. Auch wenn es all die Jahre nur gesunde Dropse gegen überflüssigen Ballast zu bieten hatte, als im Westen jeder noch so Hartleibige schon mit Abführschokolade sich ein leichteres Leben machte, setzte es doch immer schon viel stärker auf den Wandel als den Handel

– so ein wirkliches »Reformhaus« also bleibt im Recht und ist historisch in der Ordnung.

Hermann Henselmann gilt vielen als der Baumeister der Straße, weil er sich auf Wesentliches konzentrierte; jene Häuser zwischen Ein- und Ausgang der Allee erschienen ihm nicht gerade attraktiv; die großen Wohnblöcke, die zwischen beiden zu errichten waren, überließ er anderen Architekten. Er hingegen sicherte sich die Objekte, die Kultur- und Kunstgeschichte gleichermaßen schreiben sollten, und so ist es nicht verwunderlich, daß hinter unserem Entree die Straße hin und wieder auch an Glanz verliert, bis wir uns später langsam ihrem imposanten zweiten Tore nähern. Henselmann, der in den zwanziger Jahren Villen projektierte, die auch seinen Bauhauslehrern Eindruck machten, mußte für den Zuschlag beider Plätze seine ursprüngliche Bauauffassung fahrenlassen, ein ganz sicher mißlicher Triumph des Willens. Dennoch fanden die Entwürfe erst nach strengstem Ritual den Segen seiner Auftraggeber, eine Papstwahl konnte nicht geheimer sein, und die entscheidende Klausur fand selbstverständlich ohne ihren Schöpfer statt. Der Bauhausschüler aber dekretierte nun das Ende der Moderne, der er mittlerweile vorwarf, nicht nur häßlich, sondern überdies auch unsozial zu sein: »Was für Empfindungen kann man haben, wenn man eine Siedlung betritt, in der alle Haustüren gleich sind und man Mühe hat, unter den vielen gleichartigen Eingängen den Einschlupf zu finden, in den man hineingehört. Man hat das Gefühl, eine Nummer zu sein, ein ganz kleines unbedeutendes Rädchen im großen Getriebe der Welt. Wir wollen die Benutzer unserer Häuser nicht klein machen, sondern groß machen.«

Später reuten ihn die starken Worte oft, zumal man ihn noch häufig in die Pflicht nahm, sie auf öffentlichen Abhaltungen wiederaufzulegen. Praktisch tat er später Buße, als er 1961 die Kongreßhalle am Alexanderplatz verkuppelte und mit dem Haus des Lehrers ins harmonische Ensemble fügte, das sich

1964 schloß. Und auch der Lieblingsvorstellung von Walter Ulbricht, alles drehe sich nur noch um ihn beziehungsweise um sich selbst, vermochte Henselmann mit einem Bauwerk zu entsprechen: die Idee zum Fernsehturm mit dessen kreisendem Café kam ihm schon 1958, als man seine harten Worte über die Moderne aus den frühen Fünfzigern schon fast vergessen hatte.

Die schon seinerzeit rhetorisch klein gemachten Siedlungsbauten waren da noch ein bewährter Trumpf des neuen Erzfeindes, und kein Vertreter der Sozialdemokratie vergaß, mit diesem Pfunde hin und wieder auch zu wuchern. Daher wurden hier die frühen Anwürfe der Kommunisten aus den zwanziger Jahren wieder aufpoliert und zeitgemäß in Form gebracht – und die soziale Wohnidee verlor zum wiederholten Male ihre Häuslichkeit. Denn als der deutsche letzte Kaiser schon zehn Jahre lang in Holland wie ein Waldarbeiter lebte, allerdings wie einer in den eigenen Fluren, sah die Führungsriege Thälmanns ihre Felle mächtig in der Strömung und polemisierte ganz besonders gegen den sozialen Wohnungsbau, der gnadenlos politische Gewinne in das gegnerische Lager karrte und dem Stehkragenproleten zuarbeitete. Das Glanzstück der Reformarbeit trug der Sozialdemokratie den steten Vorwurf der politischen Erblindung ein, da es die Bodenfrage unberührt und außer Acht ließe, mithin nur Friedensangebot statt Kriegserklärung an die Spekulanten sei. Das hieß in jenen Jahren schon, und noch viel stärker 1952: Reformismus, der gab mühsam schon erobertes Gelände in den Klassenschlachten preis und war ein schlimmer Schritt nach hinten, so zumindest wurde es ihm nachgesagt. Das Teuflischste jedoch war seine Ausstrahlung auf jenen wurzellosen Kleinbürger, und alle Argumente im parteipolitischen Gewand umschrieben nur die Furcht vor dessen Wankelmut. Man wußte schließlich, wozu all die Angestelltenseelen fähig waren, auch ohne sich auf antiquierte Essayisten zu verlassen. Es genügte, sich der eigenen kleinen Jugendträume zu erinnern, die sich nie erfüllen ließen,

Walter Ulbricht grüßt die Werktätigen, 1. Mai 1953

und aus wortgewaltigen Tribünenrednern sprachen unversehens spätvollendete Meister ihrer Zünfte. Denn schon lange vor den Bildern, die die Landesväter in historischen Gefechten oder in gewaltigen Missionen zeigten, wurden andere Fotos aufgenommen, so vom stolzbefrackten Wilhelm Pieck als hoffnungsfrohem Handwerksburschen, dessen ungestümer Blick vielmehr auf eine eigene Tischlerei als auf den Klassenkampf gerichtet schien. Und Walter Ulbricht, Piecks Kollege aus dem Schreinerhandwerk, packte auch nur widerwillig seine Innungspläne in den Schrank, wie Ausflugsbilder aus den Jugendtagen des Gesellen zeigten.

So sprach später aus so mancher Rede der zurückgesetzte, nicht zum Handwerksmeister arrivierte Tischler, der viel lieber in der Kleinstadt reüssiert und sein privates Glück gefunden hätte. Jedes noch so kämpferische Wort schien eingefärbt von biographischem Verdruß und vom Sozialneid, so als wollte

Auffahrt vor der Deutschen Sporthalle, 1952

man den saturierten Weggefährten aus der Jugend zeigen, wem die Meisterehre letztlich wirklich zukam, und die Vorstellung vom »Überholen ohne einzuholen« mochte später unbewußt auch dafür stehen.

Den wohlverdienten kleinen Mißmut stellte man jedoch fürs erste und wie immer in den Dienst des Großen Ganzen, und das Große Ganze hatte die Mission, die Folgen der vorangegangenen Tausend Jahre zu beseitigen. Die Deutschen hierzulande waren glücklich bei den Siegern der Geschichte angekommen, es genügte vorerst, dankbar oder auch nur duldsam unter ihnen auszuharren. Niemand wurde mehr nach dem gefragt, wie er vielleicht zehn Jahre früher seinen Tag verbrachte, und die Zeit des Dritten Reiches hieß nur noch die »Hitlerdiktatur«. Man hatte längst die Karten aufgemischt zu einem Spiel, in dem der Neue Mensch als Joker unverzichtbar war. »Die Hitlers kommen und gehen«, hatte Stalin in verschwenderischem Plural dekretiert, die Deutschen aber merkten gleich, sie waren da gemeint und losgesprochen, und die Tausend Jahre blieben so die Ära weniger verworfener Psychopathen und grotesk erscheinender Verdunkelungen.

Auch die Künste assistierten dieser Wunschvorstellung, Brechts »Arturo Ui« war da so hilfreich wie der Hinkel Charlie Chaplins. Dabei pflegte sein Diktator auf der Kinoleinwand ungefähr so ziemlich alle Laster, die ein Kunstwerk damals haben konnte, er war formalistisch, avantgardistisch, kosmopolitisch, und als sei das alles nicht genug, kam er noch aus Amerika. Doch wer das eine will, der muß das andere mögen, und zu tadeln blieb genug bei anderen Gelegenheiten öffentlicher Kunstausübung. Wichtig war allein, daß hier die Bösen lang schon aus dem Lande oder hinter Gittern waren, Unfriede demnach von draußen kam. Im Inneren dagegen herrschten Friede, Freude und demnächst der Sozialismus, den die Führung schon in Kürze einzuläuten glaubte. Aus den Chronometern tropfte noch die Zeit der einfachen und handhabbaren Wahrheiten, die man für populär und für durchschaubar hielt, doch für die meisten waren sie eher durchsichtig und lediglich als Rollentext bedeutsam, sich im kleinen Leben bis ins große Fach hinaufzuspielen. Denn der Theorie nach konnte man auch noch das komplizierteste Problem zurückführen auf die Frage ohne Rest: »Wer wen?«; an der war das weit schwierigste für viele die Grammatik, und so mancher durchaus gutwillige Geistesarbeiter verstand sofort, daß diese Frage Geist und Macht auf Dauer nur gemeinsam lösen konnten.

Wir passieren nun die erste große Kreuzung, und mit ihr folgt das Erstaunen auf dem Fuß. Denn weniger, was hinter uns, als das, was vor uns liegt, erweist sich als mißlungene Überraschung. Unsere Geschichte hat hier ganz unübersehbar ein gewaltig dickes Loch, und das schlug ihr die DEUTSCHE SPORTHALLE ins leere Klassenkampfkontor. Noch ehe je ein Sportreporter, ein Athlet oder auch nur ein Volkssportler ihr Inneres betreten hatte, war sie im Besitz frappierender Rekorde, denn ein solches Bauwerk in nur hundertachtzehn Tagen aufzustellen, hatte in Europa niemand je zuvor vermocht. Zu den gesellschaftlichen Höhepunkten sollten unsere Menschen hier zu Tausenden hinein- und kampfbezecht und siegestoll wieder herausströmen. Man zog vorbei an Schlüters wohlgeformten Plastiken, die man noch aus den Trümmern des gesprengten Schlosses barg, doch trotz der schönen Leiber wirkte ihr Profil hier vornehm deplaziert; den Säulen des Entrees hätten mit Brekers oder Thoraks Recken bessere Patrone Schutz geboten, vielleicht hätten sie dem Bau zu dauerhafterer Festigkeit verholfen. Denn ein solch Gewimmel wie geplant hat unser Sportpalast nur zu den Richtfesten in großer Zahl gesehen; immer, wenn ein neuer Wohnblock der Allee geweiht wurde, war den sechstausend Bauarbeitern feierlich zumute. Die versuchten dann die Sorgen ihrer Pioniermission in ebenso rekordeheischender Geschwindigkeit im Geiste zu ertränken, denn auf deren Wettbewerbskalender standen Munitionsunglücke oder Unfälle mit schwerer Technik ebenso wie die Blessuren, welche Normenhatz und völlig mangelhafter Arbeitsschutz verursachten. Ein solches Treiben hätte Kollossaleres erschüttert, wunder nimmt es daher nicht, daß irgendwann im Glanz der durchtrainierten Deutschen Sporthalle die ersten stumpfen Risse sichtbar wurden. Walter Ulbricht mag ein übriges geleistet haben, als auf seine überlieferte Bemerkung:

»Hier nun sind wir Jugendlichen unter uns, ja«,

dionysisches Gelächter alle Wände wackeln ließ. Die waren, überdies, aus abenteuerlichen Materialien wie Karbidschlamm, Gips und anderem Ersatz gefügt, und später fand und bot die Halle so nicht länger Halt, sie wurde vielmehr schütter – schon gebrochen, eh' erblüht, der Aufgeklärte kennt das ganze Drama –, schließlich abgerissen und vergessen. Übrigens so sehr vergessen, daß beim späteren Einsturz der Kongreßhalle im West-Berliner Tiergarten bereits schon wieder so viel Witz die Leitartikler hiesiger Gazetten ritt, dem eigenen Volke diesen als symbolischen Zusammenbruch der deutsch-amerikanischen Verbundenheit zu deuten.

Ungleich dauerhafter schien dagegen allezeit die deutsch-sowjetische Zusammenarbeit angelegt, für die man in der Sporthalle stets gute Worte fand, obwohl das Domizil doch nur bescheidener Ersatz für einen ungleich kräftiger geplanten Bau der Freundschaft blieb. Das Herzstück in den Phantasien des Hobbyarchitekten Walter Ulbricht scheiterte am Untergrund, der sich bei näherer Betrachtung butterweich erwies. Wo bis zum Sommer 1951 das Berliner Stadtschloß stand beziehungsweise dessen spätbarocke Reste, damals noch in üppig großer Zahl, wollte der Städteplaner kurzentschlossen auch im Baugeschehen die Höhen der Kultur erstürmen, und die lagen ungefähr bei hundertdreißig Metern, so zumindest stellte er sich seinen Musentempel vor. Denn neben oder besser vor aller Kultur war der Palast Parteitagsmanifestationen vorbehalten, die nach würdiger Kulisse riefen. Doch die Höhe dieses wolkigen Entwurfes hätte nicht nur das sakrale Gegenüber, den Berliner Dom, erschüttert, sie erinnerte auch allzusehr an den verstiegenen Turmbau, welcher gleichnishaft vor Überhebung warnte und nicht nur die Statik des Gebäudes zu gefährden drohte. Die Verwirrung, die nun dieser, wenn auch nur geplante Bau hervorrief, galt vielleicht als höheres Zeichen, die Allee nicht wie die Prachtstraße von Babylon, vielmehr als Boulevard der Werktätigen anzulegen.

Fast schon zwei Jahrzehnte vorher wollte Moskau weithin sichtbar seinerseits ein Zeichen setzen und das höchste Haus der Welt erbauen. Historistisch-monumentalistisch wollte man moderne Utopien für alle Zeit vergessen machen, ein pathetisch dekoriertes Hochhaus wurde projektiert. Als Krönung des gigantischen Projektes war das sechzig Meter hohe Leninstandbild anzusehen. Die überragende Idee wuchs über alles, was bislang nur irgendwo erdacht war, weit hinaus, doch niemals über ihre eigenen Fundamente. Denen stand das Wasser sehr schnell bis zum Hals, und Moskaus Einwohner bekamen so noch immerhin ein imponierend großes Freibad.

Die Parteitagsdelegierten hier jedoch waren doppelt unbehaust, denn weder die gigantische Variante noch die Sportausführung hielten baulich, was sie einst versprachen, und so zog es sie nun zu den großen Festen in die Seelenbinderhalle, nah den Schlachthöfen Berlins. Die war zwar häßlich, aber wenigstens historisch unbelastet, und man modelte das alte Kühlhaus um für hitzigere Zwecke wie Kongresse oder Amateurradrennen. Von den sauberen Tribünen ließ sich friedlich auf die angeschmuddelte Geschichte anderer Sportpaläste weisen; dort war nicht nur zum totalen Krieg gerufen worden, der im völligen Inferno endete, auch vielgeschmähte Profirennen der Sechstagefahrer fanden dort schon statt, als von den Alliierten noch den Deutschen untersagt war, sich beim Sport zu tummeln. Lange vor der Internationale in der Seelenbinderhalle pfiff der Walzer durch die Winterbahn des Sportpalastes, denn der gutdotierte Sport galt damals schon dem Westen ehrlicher als der mißbrauchte Amateur. Der war schon unterm Hakenkreuz so seltsam selbstlos und vor allem viel zu wehrertüchtigend und daher erst einmal Tabu im Osten wie im Westen, doch im Osten hob man es besonders stürmisch wieder auf, dem populär gewordenen Pazifismus auf den schlaffen Leib zu rücken; später galt Gewaltfreiheit, wenn nicht für kriminell, für wenigstens genauso überlebt wie zweite Plätze bei Olympia. Auch die Seelenbinderhalle war nun endgültig zu schäbig, um tatsächlich als Parteitagsherberge zu taugen. Honecker erfüllte sich den Traum des Vorgängers und baute den »Palast der Republik«, begnügte sich jedoch zerknirscht mit einer Flachstrecke der Ulbrichtschen Vision, für gerade fünfhundert Millionen Mark, die der gesunde Staatsetat fast aus der Portokasse zahlte, glaubte man den trunkenen Bilanzen. Nicht zuletzt auch daher kam die Seelenbinderhalle paradoxerweise doch noch einmal kurzzeitig zu Ruhm, denn 1989 im Okto-

Das Kulturhaus der Bauarbeiter, 1952

ber wurde hier für kurze Zeit der Bock zum Gärtner und den Tausenden von Aktivisten der Partei die Nachricht überbracht, daß Egon Krenz demnächst die DDR zu einem Land des Lächelns führen wolle.

Alles das jedoch sehen wir aus sicherer Distanz, indem wir ausnahmsweise auf der linken Seite unseres metropolitanen Heimatfilms verweilten und uns für Momente gar aus ihm entfernten, mittlerweile aber orientieren wir uns wieder nach dem Rechten. Doch auf diesem Abschnitt eben würde ohne Seitenwechsel nicht plausibel, daß das provisorische Kulturhaus der Allee allein nur hier, auf unserer Höhe stehen konnte und ihm vorgelagert J. W. Stalin, Schutzbefohlener unserer Straße und der Vater aller Künste. Lange bevor beiden, Denkmal und Kulturpalast, durch diesen Hingang des athletischen Komplexes gegenüber ihr gigantisch-sportlich angelegtes Vis-à-vis

Trauermarsch der Berliner Werktätigen

»Am 9. 3. 1953, dem Tag der Beisetzung der sterblichen Überreste J. W. Stalins in Moskau, ehrten die Berliner Werktätigen den Generalsekretär des ZK der KPdSU (B) durch einen Trauermarsch zum Stalin-Denkmal in der Stalinallee.«

genommen war, erschien auch dies Ensemble nur die Hälfte wert und fand nie zur Vollendung. Stalin thronte einsam auf dem Sockel seines Monumentes wie auch sonst auf seinem Feld-herrnhügel, hinter ihm stand allegorisch nur noch eine Reihe schnell gepflanzter Kiefern, die begrünte die Verlassenheit des Marschalls nur sehr mäßig. Als er 1953 starb, fand selbst Picasso Zeit, für Frankreichs große Zeitschrift »Les Lettres Françaises« ein bieder-unheroisches Porträt zu zeichnen; die Genossen wandten sich mit Grausen ab und urteilten, daß sein Talent dem Großen Stalin nicht das Wasser reichen könne. Unsere Straße aber sah die erste große Manifestation, und die ertrank zwar nicht in einem Ozean von Tränen, doch in einem Meer von Fahnen und eröffnete den Reigen aller späteren Prozessionen, die sich dreieinhalb Jahrzehnte in den Straßenzug ergossen und die Staatsregie demonstrativ bejubelten. Zwei Monate zuvor schon war die Straße unfreiwillig Ort der Generalprobe, und die war wesentlich authentischer als die pompöse Inszenierung selbst, die Stalin hier die letzte Ehre gab. Den zwanzig Jahre alten Bauarbeiter Helmut Just, bereits der dritte Polizist, der an der Grenze sinnlos um sein Leben kam, erklärte man zum Hauptdarsteller in dem Stück, das ihrem Tod postum makabren Sinn verleihen sollte. Glaubt man zeitgenössischen Berichten, säumten Hunderttausende den letzten Weg des jungen Patrioten, der als Miterbauer dieser Friedensmagistrale von den kalten Kriegern hinterrücks erschossen wurde, weil er sich dem Schutz der Häuser als Soldat verschrieb. Die wirklich tragischen Akzente wurden ausgereizt bis auf den letzten Trumpf, die leidgeprüfte Mutter rief zum Friedenskampf und forderte die Neuformierung aller Menschen gegen die Agenten aus der Schöneberger und der Bonner Machtzentrale; später trug der letzte Zipfel einer Seitenstraße seinen Namen, die maß selbst zwar einen knappen Kilometer, aber Helmut Just war an der Leitartiklerbörse kaum noch einhundertundfünfzig Meter wert. Auf den weit größeren Rest der Straße setzte man den Namen Willi Bredels, der war in den zwanziger Jahren Aufständler in Hamburg sowie Thälmanns Eckermann und später Spanienkämpfer, schließlich proletarisch-revolutionärer Schriftsteller, der über beides Bücher schrieb. Doch in den sechziger Jahren reformierte er als deren Präsident die hiesige Akademie der Künste, graulte seinen Vorgänger, den Maler Otto Nagel, aus dem Sessel und vertrieb den Dichter Peter Huchel aus der Zeitschrift »Sinn und Form«. Als Hager gegenüber Huchel einmal klagte, das Periodikum erschiene ihm von Zeit zu Zeit so vornehm wie ein englischer Lord, erfrechte sich der Bildungsbürger zu der Antwort, daß er ihm das »englisch« sofort streichen würde in der Hoffnung, so dem Sekretär von seiner Arbeit einen deutlichen Begriff zu geben. Später nannten böse Buben dann das Blatt »Unsinn und Uniform«, ein Conferencier, der hin und wieder auch ein Büchlein schrieb und auf den Bretteln seine Schlankheitskuren referierte, rächte sich mit der Behauptung, daß er fasten könne wie er wolle, richtig hager würde er wohl nie.

Im Jahre 1964 wies man Grotewohl auf der Allee den letzten Weg, und 1965 fuhr man Erich Apel durch die Straße, der trug im Verein mit Günter Mittag für die Wirtschaftsstrategie Verantwortung, doch anders als sein unerklärter Kontrahent trug er auch deren Folgen und quittierte seinen Dienst im Stile eines alten Militärs – mit der Pistole.

1973 führte die Allee auch Walter Ulbricht und die ihn Begleitenden nach Friedrichsfelde; viele waren es ohnehin nicht mehr, doch populärer wurde nach ihm keiner – mit den Diktatoren sterben leider immer auch die Witze, mit den Witzen immer auch ein Stück alltäglicher Kultur.

Der Kommentator aber, der die Prozession bei Stalins Hingang in den Äther übertrug, fand Worte voller Schwermut, die die Erde Rußlands weihten wie die Straße, über welche 1945 seine Panzer noch als Retter vor dem Endsieg kamen.

»Wen so wie dich die Welt zu Grabe trägt,
des Herz im Herz der Völker weiter schlägt.
Dein Atem weht in unser Fahnenwehn,
dein Name lebt in unseren Alleen.«

Der Imperator selbst war offenbar nicht ganz so überzeugt vom Unvergänglichen der eigenen Person und sollte damit recht behalten, denn auch hier schliff man sein Denkmal später nicht nur metaphorisch, sondern sehr direkt. Es wurde ein- und umgeschmolzen und kann heute noch betrachtet werden, allerdings weiß nur der Eingeweihte, welches von den Bronzemonumenten unseres Friedrichsfelder Tierparks seiner Seele Frieden gab; wo Büffel, Bär und Eiscafé seit 1955 den Bewohnern Ost-Berlins die durchsichtigen Zoobesuche West-Berlins

Die Berliner ehren Stalin, März 1953

»Seit dem Bekanntwerden der Nachricht vom Tode des Großen Stalin begaben sich Tausende von Berlinern zum Stalin-Denkmal in die erste sozislistische Straße Berlins und legten dort Blumen und Kränze nieder. U.B.z.: Angehörige der Internationalen Demokratischen Frauenförderation aus Paris nach der Kranzniederlegung am Stalin-Denkmal.«

ersparen wollten, glückte Stalins Geist in einem animalischen wie eindrucksvollen Kunstwerk seine Reinkarnation. Schon sehr viel früher mochte er empfunden haben, daß der Bonus seines Sieges über Hitler selbst daheim sich zunehmend verlor, und so versah er seine Limousinen mit acht Zentimeter dicken Scheiben. Ständig prüften Sachverständige größeren Kalibers auch die Sicherheit der insgesamt rund dreißig anderen Wagen, allesamt gebaut im »Stalinwerk« und gleicher noch als je ein Ei dem anderen. Ein jedes Einzelteil war numeriert, um Sabotageakte auszuschließen, und das Kremltor verließen immer mehrere von ihnen gleichzeitig. Die Leibwächter, die links und rechts als Kugelfänge vor den Fenstern saßen, waren nur Staffage des potemkinschen Szenarios; denn der zwischen ihnen zu vermutende Diktator saß derweil versteckt auf einem unbequemen Klappsitz und verfügte dort im Geist bereits den nächsten Austausch seiner Bodygards. Das Schicksal seiner Fahrer wurde niemals Gegenstand von wissenschaftlich oder nur historisch Interessierten, dabei hatte Stalin schon im Jahre 1927 auf die außerordentliche Problematik ihrer Tätigkeit verwiesen, als er auf dem VIII. Kommunistischen Parteitag drohte, alle unverläßlichen Genossen seines Fuhrparks festzusetzen:

> *»Eine Wendung ist eine ernste Sache, Genossen.*
> *Eine Wendung ist gefährlich für Leute,*
> *die im Parteiwagen nicht fest sitzen.«*

Chruschtschow fuhr noch bis in die frühen Sechziger in Stalins nachempfundenen Packards, dann ließ er sie bis auf einen niederwalzen. Breshnew dann fuhr später völlig ungeniert nur noch Rolls Royce, und da er nicht nur als Politiker ein Abenteurer war, blieb auch der Renommierkarosse manche Beule nicht erspart. Viel besser fuhr der Weidmann Honecker, der gern im Range Rover und klaren Blicks die bunte Strecke legte, um sich nicht beim Halali und Horrido auf der Kadaverpiste zu verirren, was leicht möglich war,

Wohnungsneubauten in der Stalinallee, 1952
»Auf dieser Tafel am Anfang der Baustelle wird jeden Tag der Tagessieger im Stachanow-System angezeigt.«

denn ungefähr zehnmal soviel wie sonst in Wäldern üblich populierte rotes Wild in jenen Forsten, deren Hege ihm und manchem Kameraden hin und wieder sehr am Herzen lag. Doch Iljitsch sah sich nicht als Mufflonmuffel, er begriff sich als Gesamtkunstwerk, das neben ihm und dem Rolls Royce erst durch die Flasche Johnnie Walker ganz komplett geriet. Als er im Jahre 1978 Helmut Schmidt besuchte, nannte er ihn auf Schloß Brühl so manches Mal »Herr Brandt«; und wenn er hier und da eine direkte Rede hielt, so sang er dabei stets das falsche Blatt herunter. Als sein Assistent ihm einmal mit dem richtigen zu Hilfe kam, entschuldigte sich Iljitsch vor Millionen seiner Zuschauer und sagte in die Kameras: »Das war nicht mein Fehler, Genossen.« Als er 1982 im November starb, war schon vormittags großer Trubel in der Straße, junge Leute warteten mit Pappnasen und aufgelegten Sommersprossen auf den Start des Karnevals, im Radio aber brummte es elegisch, und der Sprecher seufzte alle paar Minuten seine Schreckensnachricht in den Sender. 1978 aber wirkte Breshnew auf den Bonner Zunftkollegen mindestens genauso hinfällig wie der Versuch des Kanzlers Schmidt auf ihn, für ein paar harte Mark im Jahr die schweren Waffen aus Europa zu entfernen. Patrioten waren rar vor eineinhalb Jahrzehnten, und die Deutschen stellten hier wie da die Abschußrampen der Verbündeten vors eigene Gartentor. Entspannende Gemeinsamkeiten wie noch ein Jahrzehnt zuvor sah niemand mehr, die auffälligste vielleicht blieb, daß Erich Honecker und Nana Mouskouri im gleichen Jahr die Brillennote wechselten, doch keiner nahm die Geste der Vermittlung von verschiedenen Sichten auf. Mit jenen fremden, schnellen Autos aber hatte sich der Niedergang herangeschlichen, schließlich fuhr ein Staatschef in den fünfziger Jahren nationalgesinnt nur eigene Marken. Konrad Adenauer sah man im Mercedes-Benz und Charles de Gaulle nur im Citroën, Mao Tse-tung ließ sich im handgearbeiteten Straßenkreuzer »Rote Fahne« durch die autofreien Straßen Pekings fahren, als Bürgermeister Reuter noch im Käfer seine selbstgemachten Stullen aß.

Doch jetzt zurück in unsere Straße – da gastierten vor dem Stalinmonument ganz ohne vornehmes Getue und Gezänk die Mimen aus der Schumannstraße und der Circus Barley noch gemeinsam. Auch die Fußballspieler zog es nach den sonntäglichen Raufereien nicht ins Vereinslokal, vielmehr in die Verlängerung und auf die Großbaustelle. Und die schöne Helena, die Prager Nachkriegs-Callas, schminkte sich nur kurz in der Garderobe ab und eilte in die Straße, um am Lied des neuen Lebens mitzuschreiben. Für die Helfer gab es Kino kostenlos, für Lieder und Gedichte wurden große Wettbewerbe ausgeschrieben; ein Romanprojekt erörterten die Kollektive, das das Aufbauwerk im Zentrum sah, im Radio übertrug man monatlich die »Aufbaulotterie im Funk«. Denn für nur abgeführte drei Prozent des monatlich bezogenen Salärs bewahrte man sich seine Chance, per Los in eine dieser neuen Wohnungen zu ziehen. Und die erhöhte sich für Träger einer »Aufbaunadel«, welche in den Klassen Gold, Silber und Bronze zwischen fünfzig und einhundertfünfzig freiwillige Arbeitsstunden schmuckvoll honorierte, um ein Vielfaches. Von Anbeginn versuchte man bei der Vergabe jeden Eindruck zu vermeiden, hier entstünde eine Prominenten- oder auch Vasallenmeile, sondern wollte geradezu sprichwörtlich demonstrieren, daß Fortuna nur dem Tüchtigen gewiß sei. Sicher half man hier und da dem Glück ein wenig nach, denn auch der Querschnitt der Bewohner wollte repräsentativ erscheinen, vom Minister, wenn man den einmal für Höheres gelten läßt, bis hin zur Krankenschwester, vom allgegenwärtigen Beamten der Behörden bis zur Köchin, die der Fama nach demnächst auch das Regieren lernen würde, was hingegen viele Künstler, die hier Wohnung nahmen, schon seit längerem beherrschten. Später zog es alle höheren Chargen in ein Kiefernfort der nahgelegenen Wälder, weil man aus der Perspektive relativer Ferne und gelassener Distanz die ganz alltäglichen Probleme objektiver sah. Die Ausgewogenheit, die schon Programm war, wurde so noch wesentlich egalitärer, und den letzten Ausgleich schufen die Bewohner selbst beziehungsweise deren Kinder, die in alle Winde trieben, bis sie irgendwann das Erbe ihrer elterlichen Wohnung übernehmen konnten. Mancher Winkelzug war dafür nötig, und es glückte durchaus nicht in allen Fällen, daher teilt die Straße heute das Problem von vielen Siedlungen der Aufbaujahre: sie ist überaltert, und ihr Zustand ist beklagenswert.

Die Wohnkästen der schmucklosesten Bauart aus den Sechzigern, die nun die Lücken füllen, welche Stalins Denkmal und die Sporthalle so schmerzlich hinterließen, stören heute den großen Zug der Straße ganz beträchtlich; im Ensemble der Allee von damals schienen sie ein Vorgriff, wenn sie auch nur imitierten, was mit Plattenbauten großen Stils bereits im ganzen Land errichtet wurde.

Wir fliehen diesen Ort, an dem der Stil der Fünfziger schon in den frühen Jahren so notorisch einzustürzen drohte, und erreichen das Café »Sibylle«, eine jener zahllos-lieblichen Konditoreien, die in den Fünfzigern bereits ein Speiseeis aus seltenen Substanzen zu gewinnen wußten und sehr häufig »Petra«, »Margot«, »Karolin« oder »Nanett« zum Namen hatten, um nicht solche dekadenten wie »Pigalle«, »Moulin Rouge« oder »Bohème« zu tragen. Allenfalls ein »Beograd«, vielleicht noch ein »Dalmacija« wäre Jahre früher vorstellbar gewesen, aber die Agenten Titos hatten sich zu schwer am brüderlich verbundenen Sowjetvolk vergangen; längst waren von den Partisanen die historische Mission verraten und die Berge aufgegeben, um sich künftig nur noch an der Adria zu amüsieren. 1953 fuhr ihr Führer erstmals in den Westen und entlarvte sich sogleich endgültig vor der Internationale, als er würdelos von Churchills angestaubter Schulter einen Fussel wedelte; da konnte wohl noch niemand wissen, daß man vier Jahrzehnte später selbst der Titostraße in der City Belgrads einen neuen Namen geben und sie auf die »Herrscher Serbiens« taufen

HO-Verkaufsstelle in der Stalinallee, 1959

würde. Als nach langen, abstinenten Jahren die Verstimmung wich und so in Belgrad erstmals der Genosse Ulbricht wieder in Empfang genommen wurde, wunderte sich dieser sehr, in Titos Residenz so viele Bilder von Abstrakten anzutreffen, und er fragte Josip schließlich, ob ihm so etwas wohl gar gefalle. Tito antwortete, sie seien ganz und gar nicht seine Sache, dafür wären schließlich Kommissionen der Kultur verantwortlich. Doch dieser Umstand war nun für den hohen Gast aus Bruderland noch weniger durchschaubar, und er fragte abermals, wenn sie ihm nicht gefielen, warum schmückten sie denn trotzdem seine Räume? Tito wiederholte seine schon gegebene Antwort, offenbar verstand er nicht den Kunstsinn seines Staatsbesuchers. Dem hingegen dämmerte vielleicht schon hier, warum ihm seine Moskauer Kollegen hin und wieder freundschaftliche Winke gaben, nicht zu oft auf eigene Faust mit derart unsicheren Kantonisten das Gespräch zu suchen, Erich Honecker erklärte es dem Sportfreund Ulbricht zu Beginn der Siebziger dann ein für allemal. Um weitere

Mißverständnisse in Zukunft zu vermeiden, ließ er noch zu dessen Lebzeiten das »Walter-Ulbricht-Stadion« umbenennen; so war ein Beschluß von 1956, demnach keine lebenden Personen mehr zu Namensgebern werden dürften, zwar in seine Rechte wieder eingesetzt, die Demütigung und die Strenge aber selbst erinnerten an Exkommunizierung ungleich mehr als an die Milde von drakonischen Parteiverfahren. Als der graumelierte Jugendfreund dann später selbst einmal in Belgrad weilte, war der Marschall schon sehr krank und grummelig und fragte voller Arglist, wie dem Gast die Malereien gefielen. Honecker verlor ein Wort zur Farbe und ein weiteres zur Form und Tito das Interesse an dem diplomatischen Gewäsch des Gastes. Als man Honecker am späten Abend jene Episode seines Vorgängers erzählte, reagierte er, für alle überraschend, froh und rief erleichtert: »Tja, ein Ulbricht war ich eben nie.«

Im Jahre 1954, als die Milchbar im Kaffeehausstil die Türen öffnete, waren hier die explosivsten Mischungen noch jene, welche man am Tresen cobbelte. Die Wirbel aus dem Vorjahr glaubte man durch kluges Einlenken beruhigt, jetzt hieß es, mit Kirschmilch und Zitronenflip schon den Verbraucher anzumahnen, welcher später in Kampagnen die Versorgungsmängel hier als Born des dauerhaften Wohlbefindens nur verschönern würde. 1957 trafen sich Kultur- und Kunstverantwortliche, und Alfred Kurella schlug in seiner Rede die gesunde Lebensweise zum Bestandteil hiesiger Kultur schlechthin. Zum Zeitpunkt jener denkwürdigen Konferenz erschien der Kosmos noch unendlich und die Himmelspforte gerade einen Spalt geöffnet, doch Broschüren hierzulande diskutierten schon die Frage, ob es sich im Sozialismus lohne, hundert Jahre alt zu werden. Na, und wie, denn schließlich hatte jeder Werktätige sein Leben in die eigene Hand genommen, und kein Ausbeuter war weit und breit noch da, der selbstbestimmten Vita hinten einfach etwas abzuknipsen; voll von ungewollter Tücke war die Frage allerdings, und für die Antwort

Karl-Marx-Allee, 1954
»Die in- und ausländischen Gäste interessieren sich besonders für die schönste Straße Deutschlands. U. B. z.: Ein Westberliner Wagen parkt vor der Karl-Marx-Buchhandlung.«

hatte sie wohl manch kurioses Argument, doch alles andere als hundert Jahre Zeit.

Höchst angemessen sibyllinisch residiert nur ein Haus weiter die berühmte Buchhandlung »Karl Marx«; das Riesenareal war vierzig Jahre lang die Attraktion der Straße, auch wenn sie noch 1989 mit zigtausenden verkaufter Leninbändchen von sich reden machte und das obendrein für ganz besonders kesse Werbung angenommen haben mochte. Nirgendwo war besser nachzulesen, daß seit Friederike Kempner dieses Leben alles andere als ein Gedichte schien; bei ihr hatte die Poesie noch immer recht, sie war von höherer Natur und übermenschlichem Geschlecht, bei Louis Fürnberg wurde aus der Poesie Partei, und nunmehr hatte diese immer recht – es blieb dabei. Auch Walter Ulbrichts Reden waren selbstverständlich in gediegener

Ausstattung zu haben, und als Schriftsteller versuchte sich der Staatsmann hin und wieder ebenfalls und ließ im Jahre 1963 beispielsweise seine stahlgewitterharten Episoden von der »Wolgograder Front« veröffentlichen, ausdrücklich mit diesem Titel – sozusagen eine ganz private Entstalinisierung, aber auch ein selbsterlebter Kesselring. Und auch das Vorwort eines mehrpfündigen Almanachs verfaßte er persönlich: »Weltall, Erde, Mensch« gelangte in die Hände jedes diesseitigen Konfirmanden, und herausgegeben hatte es ein Chemiker und Institutsdirektor namens Robert Havemann. Dem dickleibigen Band zur Seite lag die große Bildmappe, die das Atom und seine unbegrenzte Energie mit ungeahnten Perspektiven auch des Wohlstandes verband. Um an den unermeßlich großen Schätzen des Atomzeitalters teilzuhaben, waren Kleinausstellungen in Ferienheimen, in Kulturhäusern, in Bauernstuben oder Aufklärungslokalen selbstverständlich ebenso geeignet, wie das Werk es selber sein wollte, ob als einfaches Geschenk oder als Anerkennung für die ganz besondere Leistung, so zumindest stellte sich die Werbung, die das Buch flankierte, die Lektüre in den Kollektiven vor. So mancher junge Verseschmied verlor im Angesicht so epochaler Menschheitsträume seine letzte Scheu, in neuer Leselandschaft Berge zu versetzen; Sammelbände hielten da noch Titel, welche vom Triumph des Menschen über die Natur zu künden schienen, große Bagger avancierten forsch zu lyrischen Subjekten, und der Lauf nicht eines Flusses war vor ihnen sicher. Und daß Stalins Pläne die Natur verändern, wurde oft und gern in seinem ungewollten Doppelsinn zitiert. Die ungestümen Schreiber, auch geschult an Stalins Philologenschelte, brachten beides mit gekonntem Realismus unter einen Hut, die Helden aus der Feder schoben mühelos Achttausender beiseite und besiegten Ströme wie die Wolga oder den Amur; allein der Sowjetmensch war in der Lage, sich selbst mit der Sonne anzulegen, wie es vor ihm allenfalls noch Moby Dick versuchte. Doch der »BITTERFELDER WEG«, von manchem Autor auch als »Bitte-

Fassadengestaltung, 1953

rer Feldweg« persifliert, versuchte die Gestalten irdischer zu fassen, nicht zuletzt durch Schreibversuche der geschnitzten Helden selbst. Die Losung »Greif zur Feder, Kumpel« weckte manches schlummernde Talent und hätte so mit Recht auch lauten können: »Aus den Federn, Kumpel«, schließlich sollte sie auch sehr direkt zu höherer Leistung in der Produktion verführen. Umgekehrt bekamen die Autoren eine größere Nähe zu den Menschen angewiesen, und so manche Reportage sah den Autor nun als Mann der Arbeit im Kollegenkreis, wo er noch immer voller Pathos, teils schon stiller die Akteure in ein Büchlein zwang, die so zu bestens aufgelegten Zeitgenossen werden sollten. Viel Erschütterung mithin, aus der die Zuversicht erwachsen sollte, aber selten nur im Bücherparadies war auch das Zwerchfell mitgenommen, schließlich wollte es ein Spiegel auch des Leselandes sein, wenn nicht der neuen Ordnung insgesamt. In der erwartete so manche stolze Leserrunde jedes neue Werk der auserwählten Weltendeuter als verstohlenes Orakel und war schwer beschäftigt, gerade das Weiße zwischen dem Bedruckten für besonders renitent und pointiert zu deuten und den Aufmupf hinter den geschriebenen Sätzen auszumachen; doch das Lachen zwischen all den Zeilen blieb bis heute eine seltene Kunst und singulären Temperamenten vorbehalten. Leider hat auf diese Art zum Beispiel niemand eine Straße nach dem Bitterfelder Trampelpfad benannt, die Alltagsgraphomanen ahnten mögliche Verfänglichkeiten zweifellos; zu schön, um wahr zu sein, und nur ein Streich der Phantasie bleibt so die pieckfeine Adresse: Stalinallee-Ecke Bitterfelder Weg.

Die sechziger Jahre sahen sich im Alltag angekommen, hinter dem sich das bekannte Tor geschlossen hatte; bitter fällt der Weg, denn eine ganze Richtung holte unfreiwillig nach, was schon zehn Jahre früher ein Millionenpublikum im Westen hatte: Heimatfilme in Gestalt von Büchern. In den Fünfzigern der Bundesrepublik betrauerten die Helden noch in karger Heidelandschaft oder auf der sündlos schönen Alm die hingegangenen Ostgebiete, und die Angekommenen in den sechziger Jahren lasen sich im Spiegel der verlorengegangenen Westgebiete, wenn man sie auch in den Büchern niemals wiedersehen wollte.

Kein auch noch so feinsinniger Kunde konnte damals ahnen, daß so manches dieser lebensnahen Büchlein irgendwann mit Klassikerinsignien zu versehen wäre; der verwöhnte Kenner spurte sofort in das riesige Antiquariat, das seinen guten Ruf auch über die Sektorengrenzen, später durch den sicheren Schutzwall trug, statt sich der durchsichtigen Konvergenz der Exlibristen zu erwehren. Gryphius' Prophezeihung »Deutschland – es werden deine Mauern nicht mehr voll Jammer stehen« schien in der Buchhandlung schon lang erfüllt, denn in der Kunst ist schließlich alles möglich. Selbst das Phänomen des Hamsterkaufes wechselte die Seite, und man gab sich in der Buchhandlung wie in der Überflußgesellschaft, wenn sensible Leser mit der harten Börse in die »Bibliothek deutscher Klassiker« hineinfuhren oder die Regale von den abgestandenen Kunst- und Bildbänden befreiten. Landesfremde Silberlinge kamen ohne bürokratische Instanzen und mit weltläufiger Handbewegung in die Ladenkassen, doch zwischenzeitlich waren die ebenso verschlossen wie das bibliophile Eldorado selbst. Der Reiz des Bücherparadieses schien dahin, als sich die Tür zu einem größeren öffnete und jeder seine mittlerweile eigenen Talerchen für Besseres zu verwenden meinte.

Wir passieren nun den imposanten Eingang eines Hauses, dessen Säulen die erwähnte Grazie der Kaskaden wuchtig und entschieden übertreffen, eine einsehbare statische Funktion jedoch nicht zu besitzen scheinen. Da verbleibt uns nur, in ihnen einen Hinweis auf die Würde der Bewohner zu vermuten, und tatsächlich: hier logiert ein Großer, HPM, Sie wissen schon, der Sohn des Schauspielers, der später als ZK-Mitglied und Präsident des DDR-Gesamttheaters alle die Kollegen kujonierte, die – welch' Kunststück – hier beliebter waren als der matte Mime selbst. Für all die vielen Bücklinge zu Zeiten, als die DDR noch dufte schien, gab's nicht nur Weihrauch, das Ambiente eines großen, nachbarlichen Fischgeschäfts erinnerte ihn unnachgiebig und tagaus-tagein ans eigene verstunkene kleine Fach, gerade an Tagen, die am schönsten schienen. Auch ein anderer Selbstdarsteller übertrieb nicht weniger, der Fischkoch mit dem »S-System«, das Säubern-Säuern-Salzen meinte, gab im Fernsehen immer wieder vor, die glubschäugigen Monster, die in seinen Tiegeln zischten, wären eben angelandet. Denn die Mär vom frischen Fisch im Binnenland war eben im Begriff, sich wissenschaftlich zu bestätigen, zum Beispiel durch den Einsatz von modernen Fischfabriken wie dem Logger »Adolf Hennecke«. Die Männer führten neben ihrem Fang und allerneuester Technik auch noch freiwillige Fracht mit sich – das aktivistische Verantwortungsbewußtsein nämlich ihres Namensgebers – und Humor: nach manchem wohl-

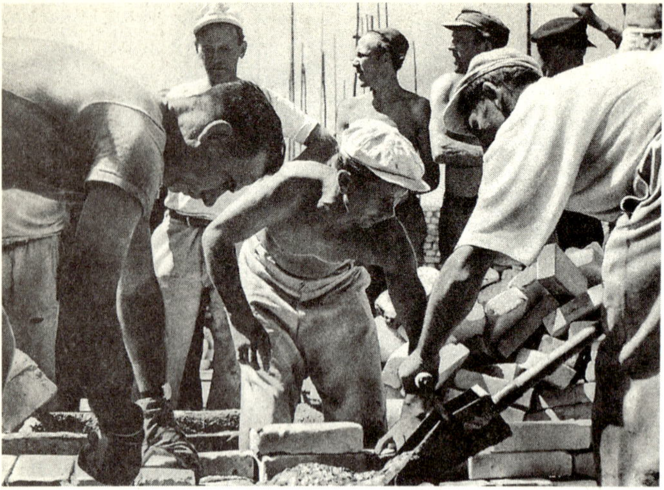

Stalinallee, 1953
»Stalinpreisträger Koroljew zeigt in der Stalinallee die neuen Arbeitsmethoden.«

verdienten Feierabend schlugen beim Gefangenenchor die Wogen höher: »Ist schwer auch das Leben / und hart auf der See, / im Herzen, da klingt es und lacht. / Das Schiff mag erbeben / im Sturm auf der See, / der Fang wird dem Volke gebracht.«

Der Ausbau einer volkseigenen Armada, die die hiesigen Produkte durch das »Tor zur Welt«, die alte Hansemetropole Rostock, weit über die Meere tragen sollte, war besonderes Hobby eines Schönheitsmittelherstellers. Die »Steckenpferdkosmetik« rief mit fröhlicher Naivität zum Ausbau der Flottille, waren doch schon 1958 unsere Güter selbst in Übersee ganz offenkundig sehr gefragt. Das muß nicht für verstiegen gelten; sehr viel mehr bleibt aber strittig, ob die schlichte Neonaufschrift überm Laden – »Alles vom Fisch« – nicht doch zur Übertreibung neigte, hin zu Träumerei, zu Unwahrheit

Technische Verbesserungen in der Allee, 1952

»Die Ruck-Zuck-Karre. Auf vielen Bauabschnitten des Nationalen Aufbauwerkes wurden in der letzten Zeit technische Verbesserungen eingeführt. Der Transport von Steinen und Kalkkästen durch Hucker entfällt auf der Baustelle durch Steinrahmen, die 96 Steine fassen und ohne besondere Anstrengung auf zweirädrige Karren gesetzt und bis an den Arbeitsplatz transportiert werden können.«

und eingetunkter Schuldzuweisung; denn der schlichte Wortedreiklang zeigte sich bei näherer Betrachtung als ein ausgebufftes Meeresfrüchtchen, und manch einer wähnte in ihm auch von allen subversiven Slogans hierzulande den weit tapfersten, gewissermaßen einen zaunpfahldicken Wink mit einem Imperativ hin zum Imperator. Daß die Auslagen solch' maritimer Einrichtungen ganz alleine Walter Ulbricht animierten, sich poetisch zu versuchen, darf getrost belächelt werden. Hier sprach in der metrisch unanfechtbarsten Manier der ganze Kerl, der forderte für

»Jedermann auf jeden Tisch
einmal in der Woche Fisch«

und ließ es dabei durchaus nicht bewenden, sondern schuf noch manchen weiteren Klassiker in endlos langen Tagungen, das wußten jedenfalls gut informierte Quellen des Gewöhnlichen im Volke zu verbreiten, und auch unseren weiteren Weg wird noch der eine oder andere am unpassenden Orte kreuzen. Gegnerische Kräfte haben übrigens zu allen Zeiten Walter Ulbrichts dichterischen Nimbus untergraben wollen; mit gezielten Übertreibungen, das pointierte Original aufs dilettantischste zerdehnend, haben Unbekannte beispielsweise dessen jodhaltigen Zweizeiler verunglimpft und in anmaßender Parodie behauptet:

»Jede Woche zweimal Fisch
hält gesund,
macht schlank
und frisch.«

Den angrenzenden Eckladen bewohnte eine polnische Legende: Hortex. So hieß jene Handelskette, die hier pommersches Gemüse oder Obst vertrieb, und hin und wieder delektierte man sich auch an Delikaterem, etwa an Champignons oder an der geschwollenen Leber fetter Gänse aus Masuren. Sicher wundert es manch' Späteren, daß man mit Obst oder Gemüse hier Meriten machen machen konnte, sahen sich doch auch unsere Nierentische oft und reich gedeckt mit Ziergurken und Kürbisimitaten, aber letztlich hatte Konrad Adenauer die Banane nur im Westen durchgesetzt. Die Europäische Gemeinschaft drohte 1957 auszurutschen wie auf einer weggeworfenen Chicitaschale, hätte sie den Deutschen nicht die gutverpackte Südfrucht zollfrei überlassen, denn im Bundestag erhob sie Adenauer schlicht zur nationalen Frage: »Sie ist eine Hoffnung für viele und eine Notwendigkeit für alle!« Ein krummes Ding, wie Spätere wissen, zwischen ihm und seinesgleichen ging indes der Witz »Warum ist die Banane krumm?«, und Erhard antwortete artig: »Weil sie einen Bogen um die Zone machen muß.« Die Engländer verwanden die erfolgreiche Attacke, ausgerechnet mit Bananen, auf die Römischen Verträge nie so ganz, seit dreieinhalb Jahrzehnten reicht es ihnen nicht, daß dieser Tagessieg den Deutschen nichts als aufgeblähte Unannehmlichkeiten brachte, und sie fragen immer wieder spöttisch: »Haben Sie einmal versucht, dem Deutschen die Banane wegzunehmen?« – England hatte den Kanal gestrichen voll. Gut dreißig Jahre später konnte sich der alte Bündnispartner Polen nur noch rote Beete und serielle Sellerie in seine volkseigenen Regale stellen, überdies focht er nunmehr allein an deutschen Grenzen, und die hierzulande staatlich mehr geförderten als nur geduldeten Ressentiments den Nachbarn gegenüber konnten wieder stolz herumgetragen werden, wie es, noch nicht gar so weit zurück, schon immer Sitte war. Verheißungsvoller hat die deutsch-polnische Aussöhnung bei Bauanfang begonnen, 1952 zeigten Warschaus Wiederaufbaumaurer hier den deutschen Mörtelmixern erst mal, wo die Kelle hing. Da konnte niemand ahnen oder gar schon wissen, daß nur vierzig Jahre später viele schlesische Kowalskis wieder gerne deutsche Schmidts im heimischen Kataster werden wollten. Für rund hunderttausend Zloty, also einen guten deutschen Zehnmarkschein, kann man sich heut in Polen reteutonisieren lassen. Noch mit absichtsvoll erzieherischem Auftrag, im Verbund mit neuester Baumethodik der

Sowjetunion, zog man dagegen damals nicht nur Pilsnerkisten, sondern erst einmal die Mörtelkästen in die Höhe, die einhundertfünzig Liter faßten. Nur ein einziger Mann trug die mit der Gewieftheit des Erfinders auf das Dach hinauf, speziell erdachte Steintransportbehälter machten's möglich, Lastenausgleich 1952 auf die lausbübische Art, wie sie die Schaffenden hier wohl verstanden, diese Phase sollte baugeschichtlich zwischen Meistersingerstolz und Plattenbaumisere einen Logenplatz erhalten. Scheinbar unaufhaltsam ging es in ihr aufwärts, für den Anfang mit dem Schutt aufs Dach, wo ihn die »Ziegelfresser« mahlten und zu Splitt verkrachten.

Doch das Friedenswerk mit seinen neuen Baumethoden sah sich früh degeneriert und als historische Revanche, denn schließlich war der alte Feind inzwischen längst der neue. Ein Jahrzehnt zuvor noch flog die Bomberflotte Harrisons die Reichshauptstadt und die Betonbastionen ihrer Führer regelmäßig an; die neuen Häuser der Allee umwehten Transparente mit der Aufschrift »Bauten gegen Bomben«, die zwar einerseits dem Kalten Krieg zum Maule gingen, andererseits ein wenig auch die Furcht benannten, wieder einmal alles zu verlieren oder diesmal gar nicht mehr davonzukommen. Als Berlin noch ohne Mauer war und als die Stadt noch als sich lichtende Ruinenlandschaft langsam Hoffnung schöpfte, als man auf den freigeräumten Straßen kaum ein Auto sah, da war in ihr erneut die Angst zu Haus. Die Stadt der wankelmütig-wurzellosen Angestellten, niedriger Gehälter und der billigen Vergnügen hatte Mühe, auf den Trichter und die Füße gleichermaßen schnell zu kommen. Alle Sehnsucht schien zersplittert, und so drängte sie ins Runde und Gebuchtete, bis tief ins Bauchig-Mollige der Harmonie, wo runde Autos, runde Sessel, runde Seifen, runde Radios und mit ihnen runde Schlager den Gefahren alle Kanten nehmen sollten, bis man wieder selbstbewußter ausschritt. Als die Häuser später in die Höhe zogen und die Möbel in die Breite, als der schmale Grad der Bruchkante des Sofakissens überschritten war, die Urlaubsrouten sich vom

Auf der Höhe Stalinallee, Ecke Fruchtstraße, 1959

Fahrplan lösten und im eignen Auto neue Ziele in den Blick gerieten, da erschien das Runde langsam krank und floh in anstößige Kanten und in schroffe Linien, und das Antiquierte glaubte, nun gesund und schließlich gar modern zu sein.

Inzwischen sind wir fast schon auf der halben Höhe unserer Wanderung; vor uns liegt nun ein Parkplatz von der Größe weniger Parzellen einer Laubenpieperkolonie, und als die Lieferzeiten für die Autotypen aus der eigenen sowie der Produktion der Bruderländer noch so zwischen zwölf und fünfzehn Jahren lagen, war er allemale groß genug. Jetzt würde selbst die ausschließliche Nutzung einer der drei Fahrbahnstreifen dieser meistbefahrenen Straße von Berlin als Parkspur das Problem nicht lösen. Weder Dauerstau noch Haltesorgen könnten so beseitigt werden, stündlich fahren fast zehntausend Autos hier entlang, und da die Nacht bekanntlich nicht allein zum Schlafen da ist, muß man mit der dunklen Ziffer von gut hunderttausend Fahrzeugführern rechnen, denen man die

»Freie Fahrt für freie Bürger« allenfalls als Bummelmeile gönnt, das aber ist ganz unersprießlich für das Überleben der hier wurstelnden Geschäfte. Diese müßten ohne eine schlaue Lösung wieder in die Nebenstraßen zwischen Lampenwerk, Schlesischem Bahnhof und den Industriegebieten weichen, denn von dort sind sie ursprünglich ebenso gekommen wie der Traum von einer großen Straße, der die proletarischen Reviere der Jahrhundertwende auf die Halde der Geschichte schütten wollte. Da war aber noch viel Sand im zukunftsträchtigen Blick, wenngleich nicht halb soviel wie später im Getriebe staatsgelenkter Wirtschaftsunternehmen. Das genannte Lampenwerk im Hintergrund gehörte nicht dazu, und dieser Umstand dankt sich einem schon erwähnten Manne, Rudi Rubbel. Der uns gut bekannte Aktivist aus frühen Aufbautagen hatte mittlerweile kräftig reüssiert und war Direktor dieses Großbetriebes mit sechstausend Seelen, und er machte schon zu dieser Zeit mit harten Managerbandagen jedem Licht, der sozialistisch leben, aber nicht auch sozialistisch schaffen wollte. Als er schließlich starb, besorgte ihm sogar die Kunst den angemessenen Nekrolog, und mit dem Hörspiel »Rudi ist tot« kletterte die Einschaltquote, die man damals gar nicht maß, beträchtlich.

In den Fünfzigern erwog man, auf dem Flecken hier ein Rathaus zu errichten, denn er ist doch immerhin so groß, daß sich für seine Repräsentativbebauung mittlerweile namhafteste Architekten interessieren; unter anderen zum Beispiel »Albert Speer und Partner«, denen an der späten Fertigstellung der historischen Zentralachse der Reichshauptstadt nur allzu selbstverständlich liegen muß. Bevor der Platz obskur und zum Objekt der Makler wurde, residierten allerdings an seinem oberen Rand noch in der friedevollsten Eintracht die Berliner Stadtsparkasse und das volkseigene Reinigungsimperium »Rewatex«, das seinen Reichtum der berufstätigen Frau verdankte, die das Rubbeln mit den eigenen Fingern nolens volens, wie wir gern im Deutschen sagen, an die öffentliche Hand verwies. Man wird auf unserem weiteren Weg nicht sinniger die hinge-

Die Deutsche Lufthansa hat ein Büro errichtet, 1956
»Alle Interessenten, die sich jetzt zur Messe eine Flugkarte nach Leipzig kaufen wollen, werden hier gut beraten und bedient. U. B. z.: Eine Kundin wird von der Kollegin Weber (links) beraten.«

gangene Republik noch einmal wiederfinden als in diesem steingewordenen Selbstbild: arm, aber stets sauber und so steif wie eine frisch gestärkte Kittelschürze.

Arg verwaiste Flugbüros der Brudervölker, die wir nun im weiteren passieren, rufen Mitleid und Erinnerung an längst verflossene Balkantrips herauf, sie hätten gerne andere Kunden eingeladen, und die urlaubsreife Klientel wäre lieber anderswo gelandet. Als sie sich hier niederließen, fuhr der Westverwandte längst schon nach Italien, »gen Italien« witzelten Familienväter, als die Mehrheit malerischer Urlaubsträume hier noch eher auf dem Boden blieb. Und da die kühnen Höhenflüge in der Ferienzeit erst später auch Familienunternehmen werden konnten, war das Dasein dieser Agenturen ein durchaus beschauliches Vergnügen für die Angestellten wie die seltenen Besucher. Für die kleinen Leute wurde mit den Flugbüros die Welt erst sehr viel später größer, als die Sputniks schon das Weite suchten und die Fehlstarts in die Politik der sechziger Jahre sämtlich schon geglückt und auf korrekten Kurs gebracht erschienen. Flüge dienstlicher Natur waren ohnehin nur seltene Buchungswünsche, allzu lange mußten potentielle Passagiere aus den wirtschaftlichen, kulturellen oder sonst noch wesentlichen Gremien warten, bis sie »Business« auf ihre Tickets schreiben lassen konnten. Flugangst kannten nur die allerwenigsten, die war Erfindung arbeitsloser Psychologen aus dem Westen, die versprachen, ihre zu sensiblen Opfer systematisch gegen diese Furcht zu feien. Doch noch ungleich weniger der ausgesuchten Reiselords bemerkten vor der harten Landung jenen Höhenkoller, der mit Auftragsreisen dieser Art einherging und durch den, entgegen dem bekannten Sprichwort, hier so mancher Meister schließlich schwer vom Himmel fiel.

Jetzt stehen wir vor der »WEBERWIESE«, einem U-Bahnhof, der nach dem stolzen Polen unlängst noch »Marchlewskistraße« hieß und ebenfalls ein Farbtupfer der tapferen Ulanenregimenter war. Doch mittlerweile will hier niemand mehr den Publizisten aus der Weichselmetropole irgendwie als Zierde dieser Gegend anerkennen, dabei starb der arrivierte Rektor von der Moskwa zufällig am Tiber, wurde 1925 notwendig beerdigt an der Spree, denn weder Moskau noch das liberale Warschau mochten ihm die letzte Ruhe gönnen, bis er, fünfundzwanzig Jahre später, endlich heimgeholt und ganz vergessen wurde.

Eine Zierde aber steht ganz zweifelsfrei mit dem Ensemble vor uns, das wir nun betreten und das der Station den neuen Namen gab. Die Weberwiese, sie liegt fünfzig Schritte abseits der Allee, und es begann mit ihr schon 1948 mehr als nur ein wichtiges Projekt der Bauvorhaben Ost-Berlins. Auf ihr formierten sich schon in den zwanziger Jahren jene bündlerischen

»... unser die Straße – unser der Sieg ...«, 1953

Hundertschaften der Rotfrontgenossen. Doch zur wirklichen Legende wurde sie erst durch das Hochhaus, übrigens dem ersten im Berlin der Nachkriegszeit, und kein Geringerer als Brecht verlieh ihr auch die Ewigkeit des Literarischen: »Friede in unserem Lande / Friede in unserer Stadt / daß sie den gut behause / der sie gebauet hat.«

Der Vierzeiler war später Bildungsgut und zierte nicht nur die Fassade dieses Hauses, sondern auch die Fibel jedes Schulanfängers, der als eines seiner ersten Kinderlieder sang:

»Es wächst in Berlin, in Berlin an der Spree
ein Riese aus Stein in der Stalinallee.«

Selbst Zeitungen, die sonst auf gegnerische Pharisäer schlugen und bislang als weltlich galten, kam im Angesicht des Kathedralenbaus die immer wieder hart gestellte Klassenfrage ebenso abhanden wie die angelernte Gottverlassenheit; es wollte niemand mehr in Materialismus und in Zeitungsprosa schreiben, und das Richtfest hievte eine seltene Krone auch des Journalismus ins sakrale Resümee:

Hochhaus an der Weberwiese, 1952

»Fünfunddreißig Meter reckte sich das Hochhaus über dem Erdboden empor. 220 Stufen führten bis in das höchste Stockwerk, führten aber auch zugleich in ein besseres Leben.«

Allein das war ein ganzes Stückchen noch entfernt, und wenn auch jene Wohnpaläste nur der Sorge um den Neuen Menschen Ausdruck geben sollten, zeigte es sich spätestens im Juni 1953, wie begründet diese war. Es wird für immer zu den großen Beispielen zutiefst ironischer Geschichtsverläufe zählen, daß sich eben auf der Magistrale, die den Manifestationen des Erfolges, wenn nicht gar des Sieges vorbehalten bleiben sollte, der Protestzug mit den Bauarbeitern in Bewegung setzte. Aufrichtig bestürzt zum ersten und auf lange Sicht zum letzten Mal sah sich die Führung, schließlich war es Tango-Boys, Achtgroschenjungs und anderen Elementen wenigstens für kurze Zeit gelungen, den erprobtesten Vertretern in der Hierarchie der Klassen das Bewußtsein der geschichtlichen Mission zu nehmen. Brecht, der später erst empfahl, wenn die Regierung mit dem Volk nicht einverstanden sei, so solle sie ein anderes wählen, wurde oft zitiert, vor allem auch von denen, die ihn sonst zum toten Hund erklärten. Das mag ihm auch Zeilen eingegeben haben wie die folgenden, die im Verbund mit offiziellen Deutungen die Saboteure und Agenten attackieren wollten – immerhin hat Brecht vor Freude seine Mütze in die Luft geworfen, als die ersten Panzer wieder einmal in die alte Frankfurter Allee einbogen. Aber nicht in erster Linie dafür hat er 1954 seinen Stalin-Friedenspreis empfangen, vielmehr bargen solche Zeilen immer auch ein Stück der Wunschbiographie, die sich der Bürgerschreck von Augsburg immer dann erträumte, wenn er die besungenen Plebejer wirklich einmal in geschichtliche Aktion geraten sah; doch meistens hörten sie nur die Signale, statt sie selbst zu setzen: »Im Traum stand ich auf dem Bau / ich war der Maurer / in der Hand hielt ich eine Kelle / aber als ich mich bückte / nach dem Mörtel, fiel ein Schuß / der riß mir von meiner Kelle das halbe Eisen.«

Selbstverpflichtungen zum 1. Mai 1953
»Zu Ehren des 1. Mai haben die Brigaden ihre Norm um 10 und 20 Prozent erhöht.«

Die Frohnaturen Westdeutschlands verdankten diesem Datum für Jahrzehnte einen zusätzlichen Feiertag in schönster Jahreszeit, die Ostdeutschen dagegen den wohl aufwendigsten Sicherheitskordon der jüngeren Geschichte.

Ganz gewiß war die Verallgemeinerung der Normen, welche die »Bewegung der Rationalisatoren und der Mechanisatoren« damals vorgegeben hatte, übereilt, doch unterschied sie das noch sehr von allen späteren Entscheidungen, die den Regierenden am Ende schließlich buchstäblich den Kopf zerbrachen. Seit den Sommermonaten von 1953 rannten alle Anstrengungen nur der Wirklichkeit noch hinterher, das Umtaufen der Straße auf den Namen von Karl Marx zum Beispiel

Die Bauarbeiter von der Karl-Marx-Allee, 1953
»Die Bauarbeiter in Berlin verurteilen ausnahmslos die verbrecherischen Provokationen der Westberliner Schlägerbanden. Sie haben zur Regierung volles Vertrauen und arbeiten seit gestern wieder. U. B. z.: Die Transportbrigade Fiedler hat die Arbeit wieder aufgenommen.«

war nur eine der so häufigen Rochaden und ließ noch bis 1961 auf sich warten. 1956 aber hatten schon die Leipziger zum Turn- und Sportfest ihre Stalinallee umbenannt, indem sie wieder zwei verschiedene Straßen aus ihr machten; eine hieß nun »Friedrich-Ludwig-Jahn-Allee«, die andere »Dritte Weltfestspiele«, aber früher waren beide nur – die Frankfurter. So löste die Entthronung Stalins scheinbar selbst das Motto ein, das sich die Pathologen Leipzigs in den Neubau ihres Instituts gravierten: Hier befindet sich der Tod im Dienst des Lebens. 1958 dann der Rückfall in den Fortschritt, Leipzigs Warenhausfassade in der Petersstraße siegte landesweit im Wettbewerb, das schönste Schaufenster zum V. SED-Parteitag zu gestalten; der HO-Direktor referierte die Verkaufserfolge seiner Werbewunder und erklärte, daß das Thema »Die Partei hat recht« den Werktätigen überzeugend zeigte, wie man auch mit einfachen und schlichten Mitteln ausgezeichnet wirken könne – wahr gesprochen wie sonst selten nur.

Doch in der Hauptstadt war die neue Namensgebung 1961 noch beileibe nicht als Stalinismusüberwindung ausgerufen, sondern bestenfalls als Kampfansage gegen die Verschwendung teuren Volksvermögens zu verstehen – schließlich hatte Väterchen Nikita schon zum wiederholten Male nicht nur mit der Stalinschen Epoche abgerechnet, sondern auch mit deren Baustil, dessen Effektivität er ins Gerede brachte. »TEURE, ALLZU TEURE GENOSSEN ARCHITEKTEN« nannte er die steinerne Philippika und senkte sie den Bauherrn in die Auftragsbücher. Da war längst der Witz schon wieder raus aus der Geschichte, der noch eine fünfbändige Ausgabe von Stalins Werk in Aussicht nahm, die nun der barhäuptige Nachfolger mit eigenen Radierungen illuster machen und edieren wollte. Dazu aber kam es auch nicht mehr, die Bärenbraue äugte schon im Hintergrund, und 1963 tatzte sie Nikita von der Bühne. Allzuviel war ihm in letzter Zeit mißlungen, selbst das deutsche Mündel grollte, denn er hatte eine sichere Methode ausgeheckt, der DDR das Schicksal der Bananenrepublik durch russische Exporte zu ersparen. Hätte er sich durchgesetzt, so wäre das Land zum Hauptabnehmer jener vielleicht einzigen Kultur geworden, die Chruschtschow tatsächlich kannte, aber gänzlich unerwartet winkten die Genossen von der Spree nur ab, und mancher tippte sich sogar verstohlen an die Maisbirne.

Schon schlimmer wog in Moskau, daß selbst Greenhorn Kennedy sich von den starken Attitüden längst nicht mehr erschüttern ließ. Noch 1960 hatte der Choleriker vom Roten Platz dem Weißen Haus die lange überfällige Lektion erteilt, denn schon zehn Jahre früher hatte sich McCarthy als Amerika mit hochgekrempelten Manschetten aufgespielt; jetzt hörten die Versammelten Nationen die Replik, denn Rußland war Chruschtschow mit ausgezogenem Schuh. Das mag ein wenig populistisch überzogen angemutet haben, doch der Kremlhausherr lag ganz offenbar noch gut im Rennen. Ein Jahr später hatte der Major Gagarin gerade das Tor zum Kosmos aufgestoßen, ein Triumph, der leider auch Chruschtschow endgültig um den Realismus, wenn nicht, wie es zu vermuten ist, um Schlimmeres brachte. Backus sang:

»Der Mann im Mond,
er schaut uns zu,
und fragt,
wie lang hab' ich noch Ruh«,

und auch der Vollmond vor Havanna schien den Plänen günstig, biß sich Kennedy an Kubas Küste doch den letzten Milchzahn aus; der ebenfalls noch junge Präsident der Insel trieb die Ledernacken und Exilkubaner aus der Bucht und machte sie zu dem, was man aus den Verlierern seit Homer schon immer machte – Schweine. Das war aber auch die letzte Reifeprüfung, Blößen gab sich Kennedy von nun an nicht mehr, Chruschtschow unterschätzte seinen jungen Gegner sträflich und vermutete, Amerika sei viel zu liberal, um noch zu wissen, wie man kämpfe, plauderte er leichtfertig aus seinem Nähkästchen; nach Hinnahme des Mauerbaus durch Kennedy ließ Chruschtschow alle Vorsicht und erst recht auch jede Weitsicht fahren und die Segel setzen, Richtung Zuckerinsel. Da war Kennedy jedoch schon aus den Kinderschuhen lange raus und schickte 1962 all die seekranken Gardisten samt Armada, Rotem Banner und diversen Arsenalen von Raketen wieder heimwärts, die Blockade meisterte die Kuba-Krise, und die Welt begann allmählich wieder auszuatmen. Auf dem Höhepunkt der Krise waren die Ehefrauen der Verbündeten jedoch zutiefst beunruhigt:

»Denke dran,
schaff Vorrat an«,

die Farm der Tiere öffnete ganz unverhofft ein zweites Mal, und Mäuse, Eichhörnchen und Nager aller Art berieten bundesdeutsche Fernsehzuschauer per Zeichentrick beim Hamstern von so Unverzichtbarem wie Dosenöl und Kokosfett. Der forsche Kennedy indes war ein besonnener Militär geworden, der den Notstand zu verhindern wußte; als er ein Jahr später in die Kugeln seiner Gegner fuhr, bescheinigte ihm Charles de Gaulle, der General, er sei wie ein Soldat gestorben. Nicht als Paranoiker wie Stalin ein Jahrzehnt zuvor, den hatte man gerade aus dem Mausoleum fortgetragen, umgebettet, und so war er der Beweis – es gab ein Leben nach dem Tod. Auch ins Statut der hiesigen Genossen schien noch einmal unverhoffter Schwung zu kommen, im Versammlungsraum stand bohrend nur noch eine Frage: Würde lebenslanger Ausschluß auch in Zukunft als die härteste Sanktion genügen, sich der Abgefallenen aus den eigenen Reihen zu entledigen, war nicht vielmehr die Maßnahme der Exhumierung längst ins pädagogische Kalkül zu ziehen, auch wenn es dann zu reuevoller Umkehr nach begangener Häresie nun ganz bestimmt zu spät war?

Einen allerletzten Vorschlag einer neuerlichen Umbenennung, nun in »Moskauer Allee«, erwog man 1990, doch vermochte der nicht einmal mehr die Medien und Gemüter zu erhitzen, ganz zu schweigen davon, eine ernstgemeinte Mehrheit zu erwärmen. Allenfalls der nah gelegene Leninplatz schaffte es, sich ins Gespräch zu bringen; seine Umbenennung ließ die Wogen noch für kurze Zeit ein wenig höher schlagen, schließlich gab man ihm den Namen jenes Völkerbundes, dessen Gründung Churchill, Roosevelt, Tschiang Kaischek und Stalin noch gemeinsam unternahmen, die Nationen dieser Erde friedlich zu vereinen. Doch im Blickpunkt des Interesses stand nicht dieser Umstand, sondern die Beseitigung des Denkmals mit dem übergroßen Bolschewiken; kurz vor seinem Tode kolportierte der noch die Gemeinheit, daß die deutschen Revolutionäre stets für jeden Aufstand eine Bahnsteigkarte brauchten, doch im Einigungsexpreß fand man Entschlossenere, die ihm nun folgerichtig an den Kragen gingen. 1951 schon erwog man in der Nähe scherzhaft die Errichtung eines Monuments, das »Unbekannter Vater« heißen sollte, denn der Friedrichshain sah manches junge Glück der sommerlichen Weltfestspiele, die die neue Hauptstadt damals austrug – folgenreich und zukunftsträchtig. Als nach Monaten der Frohsinn fast vergessen schien, erinnerten sich chancenlose Jugendfreunde der Zurücksetzungen lauer Sommernächte und beschimpften schwangere Frauen als gefüllte Friedenstauben, doch der Erste Mann der jungen Schreihälse gab sich gelassen.

1953 blieb hingegen Urschock aller, die am Katzentisch um Walter Ulbricht saßen, und erst 1961 glaubte man ihn mit dem Mauerbau endgültig therapiert. Das las sich in Legionen späterer Chroniken natürlich anders, die von Männern zu berichten wußten, welche jedem der Agenten, nach persönlichem Erleben, angeboten haben sollen, ihn ganz eigenhändig vom Gerüst zu werfen, wenn er sich am Friedenswerk verginge, doch der Heldentatverdacht war sicher schon ein Requisit aus dem gewaltig großen Fundus der Geschichtsverwalter. Als sie sich dann ein für allemal siegreich wähnten – das war nach bekanntlich nur sehr kurzer Rekonvaleszenz –, sang das Armee-Ensemble Lieder, die man heute zu den Kronjuwelen volkstümlicher Liederperlen zählen muß:

»Im Sommer '61,
am 13. August (tirili),
da schlossen wir die Grenze,
und keiner hat's gewußt (tätärätä).
Klappe zu, Affe tot,
endlich lacht das Morgenrot (dädädä),
Wiederholung (tsching bum)!«

Wem die Klappe etwas vage schien, erläuterte der Kommentar, was es mit dieser auf sich habe: »Der Willy Brandt aus Schöneberg hat es sich nicht nehmen lassen, sich das Brandenburger Tor anzuschauen, denn wir haben diese Falltür zugeschlagen, und durch diese Falltür werden von jetzt an weder Menschenhändler noch Agenten noch Saboteure in die DDR kommen, um uns zu schädigen«, so sah sich der Langhans-Bau noch nie beschrieben. Und die Zeitschrift »Eulenspiegel« druckte im September '61 eine ganzseitige Zeichnung, auf der ein »Genosse Kämpfer« unserem Wintermärchendichter Meldung machte. Ordentlich befrackt und unterm Chapeau claque nahm Heinrich Heine den Realvollzug seiner poetischen Erfindungen entgegen, die die Zeitgenossen auf die Höhe ihrer Tagesforderungen brachten:

»Und es ist das Brandenburger Tor
Noch immer so groß und so weit wie zuvor,
Und man könnt' auf einmal zum Tor hinausschmeißen,
euch alle, mitsamt dem Prinzen von Preußen
– die Menge tut es.«

Auf diesen Vers erwiderte der Hundertschaftenführer unseres Bildes: »Befehl ausgeführt, Genosse Heine!«; wäre er doch in Düsseldorf geblieben, statt die neue deutsche Hauptstadt zu verspotten, lange vorher hatte er sie als ein großes Krähwinkel bezeichnet, aber Wissen schützt vor Strafe nicht und ganz und gar nicht vor historischer Gerechtigkeit, auch wenn sie meistens lange auf sich warten läßt. Der hier schon vorgeführte HPM erzählte damals, daß ihm in den Zeltlagern der Kampfgruppen, in die ihn um den 13. August herum Gespräche über Becher, Brecht und andere getrieben hätten, erstmals wirklich klargeworden wäre, »was so ein Gedicht« doch ihnen allen geben könne – das zumindest ließ er die Zeitschrift »Wochenpost« berichten, Interviews auf schwer umkämpftem Klapptisch statt ästhetisch überm Teetisch sprachen damals unsere Menschen an. Die Klarheit unseres Mimen aber schien noch Stunden vor dem Mauerbau nicht sehr verbreitet, und am letzten Tag der offenen Grenze flüchteten zweitausend der Verbohrten in die untergangsgeweihte Ausbeutergesellschaft, für den ganzen Monat rechnete man gar mit fünfzigtausend, die nicht länger bleiben und sich redlich mühen wollten. »Jetzt

Bauarbeiten, 1953
»Unsere Maurer haben von den sowjetischen und polnischen Freunden gelernt.«

schlägt's dreizehn«, rief der sonntägliche Chor und glaubte das gesellige Programm gerettet. Walter Ulbricht, das schon mehrfach angeführte Vorkommnis unserer Geschichte, hatte vor dem Mauerbau noch ausgebuffteste Kollegen aus dem Westen tückisch in die Leere laufen lassen, und von falschen Schlangen, die geheimdiensthörig und im Cocktailkleid ihm wirre Fragen stellten, ließ sich unser Landesvater längst schon nicht verführen: »Herr Vorsitzender, bedeutet die Bildung einer freien Stadt Ihrer Meinung nach, daß die Staatsgrenze am Brandenburger Tor errichtet wird, und sind Sie entschlossen, dieser Tatsache mit allen Konsequenzen Rechnung zu tragen?«

Das war nun wirklich arabesk gesprochen und herausfordernd dazu, doch unser erster Ehrenpionier war so nicht zu verdrießen und erübrigte sogar ein nachsichtiges Kichern für die Hessin, die ihm so gehässig kam, und gab ihr den historischen Bescheid: »Ich verstehe Ihre Frage so, daß es Menschen in Westdeutschland gibt, die wünschen, daß wir die Bauarbeiter der Hauptstadt mobilisieren, um eine Mauer aufzurichten, ja? He, he, he, mir ist nicht bekannt, daß solche Absicht besteht, da sich die Bauarbeiter in der Hauptstadt hauptsächlich mit Wohnungsbau beschäftigen und ihre Arbeitskraft voll eingesetzt wird.« Das war einfach unbestreitbar, sah man doch schon kurz darauf in der Bernauer Straße Maurer Außenwände isolieren, Fenster, die der Westwind ewig schon aus ihren Angeln drücken wollte, wurden ziegelsteinversiegelt, fort mit dem Entwicklungsjammer in die eigene Dunkelkammer. Und im sichtlichen Genuß des Formulierungstreffers setzte unser Schreiner mit der ungehobelten Behauptung nach, die selber klassisch wurde in Berlin wie vor ihr nur Ernst Reuters »Schaut auf diese Stadt« und nach ihr John F. Kennedys Beteuerung »Ich bin ein Berliner«, als er dezidierte: »Niemand hat die Absicht, eine Mauer zu errichten.«

Ungewollt war der Verfertiger der schon erwähnten Zweizeiler so auch zum Vater des Begriffs geworden, der fast drei Jahrzehnte als Verbaltabu nach originellen Paraphrasen suchen ließ, vergebens, wie man weiß. Nur für die Journalisten war er vorteilhaft, die langatmigen Formulierungen des bösen Ausrutschers erhöhten immerhin die Zeilenzahl und somit auch das Honorar. Als Walter Ulbricht später dann der Fehlannahme überführt war, konnte sie ihm nicht mehr schaden, schließlich hatte er die Wand im Rücken. Und so konnte er, statt seinen Irrtum auszuräumen, ihn nun höchst geschwind nach vorne drehen, indem er ihn als Weichenstellung proletarischer Geschichte formulierte: »Hier am Brandenburger Tor hat die erste deutsche Arbeiter- und Bauernmacht, haben die Arbeiterklasse der DDR und ihre Verbündeten die Weichen für den Frieden gestellt.« Der Rundfunk, der hier nicht im öffentlichen Auftrag informieren mußte und vor allem alles andere als staatsfern war, gab nicht nur diesen Neubefund bekannt; er schickte in den Äther auch die ungeteilte Freude, die er auszulösen schien. Zehntausende von Jugendlichen lohnten dem Rangiermeister und Lenker der Geschichte die besorgte Weitsicht und skandierten froh und munter:

»Mit der Jugend jung geblieben,
Walter Ulbricht, den wir lieben.«

Da verlor selbst Willy Brandt die nordische Geduld und plauzte auf den Sachsen ein, es gehe in der Zone so nicht weiter, und versprach ihm, daß Berlin von heut an nur noch Störenfried zu sein habe. »Nicht wir sind es, die provozieren, die Provokation in Deutschland heißt Ulbricht«, schimpfte er im RIAS weiter, jener großen Entenfarm, vor der man mit Bestimmtheit warnte: »Ja, ein Rundfunksender ist er nebenbei auch, aber sein Hauptgeschäft ist die Spionage, die Schädlings- und Terrorarbeit im Gebiet unserer Republik.« So half wohl gegen Brandt und seine radiophonen Drahtzieher nur die Totaloperation: »Die Agentenzentrale RIAS muß liquidiert und der Rundfunksender im amerikanischen Sektor in die Hände aufrechter deutscher Patrioten gegeben werden.« Diese Forderung zum leidlich wohlgesetzten Vortrag plazierte die erprobte Stimme eines Rundfunksprechers, welche sonst allabendlich den Kindern ihre Gute-Nacht-Geschichte einblies, ein recht unglücklicher Griff für größere Augenwischereien, zumal sie wiederum nicht weniger sonor als die von Willy Brandt im Äther surrte. Auf dem Weg ins Außenamt und 1969 dann zum Kanzler haben seine Gegner Brandt den Ausfall gern verargt und jenes Wort vom »Störenfried« im Mund herumgedreht, für die Berliner aber stand es unverrückbar wie die Mauer vorerst selbst, auch wenn die christlichen Couplets im Wahlkampf später riefen:

»Laßt doch mal den Dicken ran«

oder umherholperten:

»Willy ist so gut nicht,
besser ist der Ludwig
und die CDU!«

Karl-Marx-Allee, ehemaliger Standort Stalin-Denkmal, 1974

Im diesigen November 1961 war der eingangs vorgestellte Titel des »ND« fast auf den Tag genau zehn Jahre alt, als man in einem sprichwörtlichen Nacht- und Nebelunternehmen reinen Tisch mit dem Bedränger machen wollte. Stalins Denkmal stand im Regen, und die Straße lag durchnäßt herum, so könnten böse Zungen die Allee beschreiben; sintfluthafte Güsse stürzten nieder auf die Hauptstadt, Rußland aber schwitzte unter »Ephraim«, dem unverhofften Wetterhoch, die Rotarmisten öffneten entschlossen und geradezu anarchisch ihren ersten Kragenknopf. Ganz Ostberlin war menschenleer, obwohl die Straßenfegerserien, die die Sechziger dann als Jahrzehnt des Fernsehens etablieren würden, lang noch nicht geschrieben waren. (Partisanen, Kundschafter und andere moderne Drachentöter sorgten für flachen Atem und Vertrauen in das relevante Medium zukünftiger Tage.)

Mithin ganz genau das rechte Wetter für Kommandosachen, schließlich war der erste Sekretär als Grabenkämpfer nicht so unerfahren wie etwa als Streiter für den Realismus in der Kunst. Im Sommer schon fand man zum zehnten Jubiläum seiner Aufstellung kein gutes Wort mehr für das Monument; zum siebzigsten Geburtstag Stalins war ein Glückwunsch selbst in viele volkseigene Briketts gepreßt, nun aber sollte die Entweihung unterm Codewort »Sockelsturz« den letzten Stein aus Ulbrichts liberalem Wege räumen, so zumindest verstand sich die zur Chefsache erklärte Maßnahme. Am nächsten Morgen schon waren auch die letzten Spuren unseres Bronzegotts verwischt, die emaillierten Straßenschilder nicht das Blech mehr wert, das unter großem Aufwand die Kollegen aus dem Stalinstädter Hüttenwerk gewonnen hatten, schließlich konnten die genausowenig wie die Apparatewerker Treptows wissen, daß sie wenig später ebenfalls zur Tilgung seines Namens aufgefordert würden. Kurzzeitig hieß jetzt die Straße wieder Frankfurter Allee, doch war ihr kleinster Teil, der zwischen Alex und den beiden Hochhäusern des Eingangstores, vorsorglich schon an Karl Marx vergeben, und man mußte dieses Stück nur in die restliche Allee verlängern, und das Zeitloch namenlosen Rätselns war gestopft. Nur wenig früher hätte man sie mühelos noch Walter Ulbricht weihen können, aber Chruschtschows neuerliche Stalinschelte auf dem XXII. Parteitag hatte den Personenkult auch hier für kurze Zeit pikant gemacht, und mit den Bildern Stalins drohte man auch manche unseres großen WU mit abzuhängen. Aber Sindermann war auf der Hut, und schimpfte ihn das Volk auch Blindermann, er drohte wachsam, daß es so weit nie mehr kommen dürfe, Walter Ulbricht sei für die Partei ein Glück, und niemand denke daran, auf ihn zu verzichten. Zimmering, der klassenkämpferische Kinderbuchautor, war schwer gerührt von solch bewährter Männerfreundschaft, und so rührte er den Zweizeiler zusammen, der Courage gab und Selbstvertrauen:

»Die Klasse gibt uns Kraft und Mut,
mit Walter Ulbricht kämpft sich's gut.«

Nicht gegen, sondern mit, das sei noch einmal ausdrücklich erwähnt, und wieviel Lebenshilfe ein Gedicht vermitteln kann, bemerkte man schon wenig später, 1963 feierte man siebzigsten Geburtstag, und der Wettbewerb erhielt das Motto:

> *»Hohe Leistungen in der Produktion –*
> *Walter Ulbricht zu Ehren, uns allen zum ...«*

Nein, ein weiteres Mal sah man sich hingehalten und genasführt, falscher Anschluß, Lyrikfreunde, denn »zum Nutzen« ging es ungereimt und heiter weiter, nicht zum Lohn, geschweige denn zum Hohn, der war den meisten still vergangen.

Immerhin sah man sich schon im dritten Mauerjahr, und auch die Aussicht auf die möglichen Besuche durch die Westverwandtschaft blieb recht trübe, denn passierscheinwürdig waren Basen oder Vettern aus dem Westen nur, wenn man sich hier wie da nicht auffällig oder gar unauffällig über hiesige Verhältnisse mokierte. Für fast drei Jahrzehnte war die Stimmung auch an solchen guten Tagen hierzulande alles andere als ein Advent, und mancher mag verstimmt das ganze Jahr hindurch das andächtige Lied »Macht hoch die Tür« mit schönem Groll gegrummelt haben; doch es blieb verschlossen wie die Hüter selber, und erst, als hier die Spannung kaum noch zu ertragen war, schien die Bescherung da, und das bislang verbotene Zimmer war um seinen eingestaubten Reiz gebracht.

Wir treiben nun dem ersten jener beiden Blöcke zu, die als die sogenannten Laubenganghäuser für lange Zeit ein Schmuddelkinderdasein fristen mußten. Und tatsächlich wirken sie beim ersten Anblick schmucklos und vernachlässigt wie ungewollte Folgen eines Seitensprunges, die nun dem Architekten Unannehmlichkeiten machen. Dabei halten sie die älteren Rechte und markieren praktisch auch die Grenze zwischen Weberwiese und Allee, doch überdies auch jene zwischen Bauhaustraditionen und den Ambitionen der nun neuen Bauherrn. In der ursprünglich geplanten »Wohnzelle im Friedrichshain« bestimmten sie den äußersten Akzent; entworfen hatte sie Ludmilla Herzenstein, und die war wiederum die Schülerin von Hans Scharoun. Doch dessen Ansatz einer dezentralen Stadtbebauung, die aus vielen kleineren, durchgrünten Siedlungen die alten Ballungsräume attraktiver und humaner machen wollte, endete wie stets in Deutschland wieder nur als abgebrochenes Zwischenspiel. In ganz Berlin sind heute nur noch die berühmte Siemensstadt, die Onkel-Tom-Siedlung in Zehlendorf, Tauts Hufeisen in Britz oder die Weißenseer Buschallee als Zeugen zu bestaunen. Doch was schon zum Feinsten der nachrevolutionären Avantgarde gehörte, das genügte den Bedürfnissen des Neuen Menschen längst nicht mehr. Hart ins Gericht ging Ulbricht mit Phantasten und Kosmopoliten, die »die Primitivität gewisser Fabrikbauten auf die Wohnungsbauten übertrugen« und die die Hauptstadt verniedlichten durch den Bau »niedriger Häuser«, welche »ebensogut in die südafrikanische Landschaft passen« – die schien unser Volkssportler vom Pleißestrand nur allzugut zu kennen. Henselmann ließ sich nach eigenem Bekunden nur von Brecht zur weiteren Mitarbeit am großen Werke überreden, öffnete die schon gepackten Koffer und bearbeitete die Entwürfe, bis sie schließlich volkstümlicher, also nicht mehr burenfreundlich waren. Das Plädoyer, das Brecht den Wohnpalästen damals hielt, plazierte sie historisch zwischen Einfamilienhäuser und Kasernen, das verschlug selbst Henselmann die Argumente, der die Vorliebe des Meisters für Gebäude kannte, die man hundertfünfzig Jahre früher schon errichtet hatte. Brecht bewunderte den neuen Baustil rückhaltlos und öffentlich, denn er war schließlich auch Sophist genug, schon dessen späteres Vergehen zu ahnen. Sicher hat er Henselmann tatsächlich zugeredet, aber mit viel schlichter angelegter Dialektik, und den Architekten hinterlistig mit der Frage überzeugt, ob der wohl glaube, daß man anderswo so unbekümmert und von keiner Bodenfrage angekränkelt Wolkenschlösser bauen könne – so blieb abermals sein Koffer in Berlin. Und auch die beiden Häuser aus dem Gründungsjahr des Landes blieben stehen, doch eingeklemmt ins Generöse ihrer Nachbarbauten hatten sie nur vorzustellen, daß auch innerhalb des Neuen schon das Alte stille zu belächeln war. Und überdies waren sie zur immanenten Krittelei an der Moderne wunderbar willkommen, denn man hatte eben die Debatte um den Formalismus losgetreten, und die machte in den frühen Fünfzigern auch nicht halt vor Barlach oder vor der Kollwitz und nicht einmal vor Brecht, zu schweigen ganz und gar vom deutschen Bauhaus, das sich angebiedert hatte im verworfenen Amerika. Man stellte also beide Häuser zwar nicht unter Strafe, aber auch als einzige nicht unter Denkmalschutz wie die gesamte restliche Allee. Die Straße dankt im übrigen den Häusern so auch eine Reihe unverhofften Grüns, denn nach dem Vorbild ähnlicher Kalamitäten der Befreier mit der eigenen Baugeschichte brachte man ein Dutzend schnellwachsender Pappeln in die Erde, um die Schande hinter ihnen zu verbergen. Wenn man heute Pappelrauschen auf so manchem innerstädtischen Terrain ganz überrascht vernimmt, empfiehlt sich überhaupt ein Blick auch hinter ihre fest geschlossenen Reihen, Unliebsames wurde nicht in jedem Fall gelichtet, manches wurde nur an einen grünen Gurt gelegt.

Auf unserem Wege gehen wir weiter wie durch ein Museum unter freiem Himmel, welches unbedacht einmal real Vision zu werden schien, und so bewegen wir uns auf den nächsten Fluchtpunkt zu, das imponierende FRANKFURTER TOR, die eigentliche Wiege der Allee. Vorbei am Imbiß »Neuling«, wo die Unterlagen in verschieden hoher Auflage als Pizza auf den Tisch gelangen, auch die »Riesensandwiches« für den kleinen Hunger zwischendurch sind achtbar, in der guten alten Zeit firmierten sie als »illustrierte Brote« auf der Speisekarte. Heute kann der Zeitungsladen »Bacchus« nicht mehr ganz so einfach mit dem Imbiß fusionieren, wie es seinerzeit geboten, leider aber auch verboten war, denn hier las man nach dem illustren Frühstück jene krümeltrockenen Illustrierten, die es einmal wöchentlich zu kaufen gab. Selbst harte Frosteinbrüche

Blick vom Frankfurter Tor zum Alexanderplatz, 1971

konnten nicht verhindern, daß sich an den Tagen des Erscheinens vor den Kiosken spontane Schlangen bildeten, dem Ausverkauf der Blätter noch zuvorzukommen. »NBI«, »Für Dich« und »Freie Welt«, die »Fernsehzeitung« oder »Zeit im Bild« – ab Fünfuhrdreißig trampelte der leitartikelsatte Tageszeitungsabonnent vor Ungeduld, um endlich Bilder vom bescheidenen Glamour anderer Länder etwa aufzusaugen, die ihm nur die kolorierten Illustrierten boten. Wenn schon keine Krönungsfeiern oder Silberhochzeiten bei Hofe, wie sie in der eingeschleusten »Quick« nicht nur zum Leseabenteuer wurden, wenigstens die Mißlichkeiten zwischen Walter und Frau Lotte oder bei den Honeckers hat mancher sich gewünscht, der achtdreiviertel Stunden täglich für ihr Wohlergehen sorgte. Aber leider war der Vorschlag eines Zeitungsaustausches mit Westdeutschland dort nur auf Hohn gestoßen, dabei hatte Walter Ulbricht 1964 auf der Zweiten Bitterfelder Konferenz den Schriftstellern versichert, daß »Die Zeit« oder »Die Süddeutsche« demnächst trotz ihrer Irreführungen zu kaufen seien, wenn die Garantie dafür gegeben wäre, daß in Westdeutschland das »Neue Deutschland« in dem gleichen Maße öffentlich verkauft würde. Auch »Fröhlich sein und singen«, die beliebte Kinderzeitschrift, soll im Aufgebot der Liste Platz gefunden haben, doch die Bonner Ultras mochten sich das Vorurteil nicht nehmen lassen, in der DDR sei alles triste und niemand würde fröhlich sein und singen, dabei schwebten seinerzeit schon »Blaue Fahnen nach Berlin«, und später hießen Kinderbücher sogar »Himmelblau und fröhlich sein«. Drum, Freund, so reih' dich endlich ein, daß vom Grauen wir die Welt befreien, die Welt indes blieb weiter grau und so auch dieser Austausch ohne Chance, die noble Offerte wurde nicht einmal erwidert. Chancenlos indes war auch der Ausgeschlafenste, der auf direktem Weg das »Magazin« erwerben wollte, jenes Periodikum, das einmal monatlich mit nackten Tatsachen vor allem männliche und jugendliche Leser süchtig machte, die den eingelegten Frauenakt an jede jungfräuliche Schrankwand pinnten. Die gesellschaftliche Sexualmoral zumindestens war puritanisch, wenn das Leben auch wie überall seine ganz eigenen Wege ging. Ein Volksaufklärer warnte 1956 in dem legendären Buch »Ein offenes Wort« davor, statt Amor nur Cupido hinterherzujagen, und versuchte sich am dialektischen Dekret: denn was uns alle doch verbinden sollte, sei »die Wahrheitsliebe und die Wahrheit in der Liebe«. 1948, es gab zeitbedingt noch wenig Partner, aber selbst schon da zu viele Partnerwechsel, sprach man noch direkter von den Volkskrankheiten, die den Wiederaufbau schwächten. Und die DEFA zeigte nicht nur die »Affäre Blum« und warnte vor den Mördern, die noch unter uns und unentdeckt vermeinten, der gerechten Strafe zu entgehen; sie hielt auch die Kamera auf allzu schnelle »Straßenbekanntschaften«, die im schmuddeligen Barmilieu mit untertassengroßen Beulen auf dem Rücken schmählich endeten.

Gerade noch zur rechten Zeit führt unser Gang zum Sanitärausrüster mit all seinem chromglänzenden Bäderinterieur.

Einzug ins Hochhaus Nord, Strausberger Platz, 1955

»Bauleiter, Architekten und Handwerker legen gegenwärtig letzte Hand an, um die Innenausstattung des Wohnungsteiles im 13-stöckigen Hochhaus zu beenden. Zehn Familien haben bereits in den Zwei- bis Fünfzimmerwohnungen ihren Einzug gehalten. U. B. z.: Rainer hilft der Mutter, Frau Hacke, tatkräftig beim Gardinenanmachen.«

Und wir erinnern uns des Volkszorns, wie er nach den ersten Fotos aus dem Wandlitzer Regierungsdorf aus bislang stummen Zweiflern losbrach. Denn das Haus von Erich Honecker besaß nicht nur zwei Bäder, sondern überdies waren diese ausschließlich versehen mit – Armaturen aus dem Westen: nie vor ihm hat je ein Mächtiger so schnell das Saubermanngesicht verloren und so unerwartet; und die Demut seiner Landeskinder, die sich über die Jahrzehnte mit weit mehr als blindem Kunststoff plackten, war wie weggespült.

Vorbei geht es am »Spezialitäten«-Laden, wo es neben Weizenmehl für 79 Pfennige und Rotwurst für 1,59 sogar Erbsen gibt – für gerade 90 Pfennig. So viel übrigens bezahlten die Bewohner der zweitausend Wohnungen der Straße Miete – pro qm und selbstredend in Ost. Und das für einen Standard, der sich mehr als sehen lassen konnte, denn die Fliesen der Fassaden mußten seinerzeit noch nicht wie später häufig Fehlendes verdecken, sondern galten noch als wirkliche Verzierung. Ornamente schmücken und Reliefs erzählen, das ist eingewecktes Architektengut, und wo nichts zu erzählen ist, da gibt es auch nichts auszuschmücken, selbst wenn man im Einzelfall so manche der Pilasterreihen mit den ausgerichteten Philistern in Verbindung bringt, die sich schon damals manieristisch in der Straße übten, manches Kapitell korinthischer Manier mit den Korinthenkackern, die sich keine Handlungshemmung auferlegen mochten und gerade so die Straße in die Nähe der mißglückten Zuckerbäcker rückten. In den Wohnungen mit meistens zwei oder drei Zimmern waren dafür selbst die Küche und die Diele größer als die gute Stube früherer Siedlungsbauten. Freilich, nicht für alle Zimmer galten großzügige Dimensionen, manche hatten sich der äußeren Gestalt der Blocks zu fügen, deren einheitliches Aussehen absoluten Vorrang hatte. Symmetrie war gleichbedeutend mit Geschlossenheit auch der Bewohner, die gewährte hier das klassische Berliner Fenster, das in immer gleichem Abstand eingemauert wurde. »Häuser baut nicht aus Mauern, sie be-

Wohnzelle Friedrichshain, 1950

»Auf der Baustelle werden bis zum 13. 10. 1950 die ersten 94 Wohnungen bezugsfertig und an Aktivisten vergeben. Bereits am 1. 11. können diese Wohnungen bezogen werden. U. B. z.: Die Badewannen sind auch schon eingetroffen.«

stehen aus ihren Fenstern«, würde Hundertwasser später sagen und so unverhofft Erklärungshilfe für manchen übergroßen Flur und manches sehr viel kleinere Zimmer geben. »Die geschickte Einrichtung macht alles möglich, und du glaubst nicht, wieviel Platz man findet, wenn man wenig Raum braucht«, ließ schon Goethe seinen »Wilhelm Meister« dekretieren, und so fand man auch die Einrichtungsbetriebe vorbereitet. Aus dem Korridor der Arbeiterpaläste wurde flugs das Vestibül der Bürgerhäuser, niemals wieder hatten Flurgarderoben einen solchen Nimbus wie in dieser Straße und in jenen Jahren. Spieglein, Spieglein an der Wand, die schönste Niere im ganzen Land, sie hing im Flur und machte mit geschliffenen Romben manche Falte unsichtbar, bevor man in die gute Stube trat und in die Eierschalensessel sank. Schon vor dem

Klingeln waren die hinderlichen Elemente der oft kleinen Zimmer wundersam verschwunden, fast ein jedes Möbel ließ sich in ein niedliches Format verwandeln. »Kollapsible« Wandklappbetten für den Unverstand so mancher Nächte hingen mittels quietschender Scharniere an der Zimmerdecke, Stapelmöbel machten jede Sitzgelegenheit zu gut geschnürten und versandfertigen Päckchen, ganz besonders die verräterischen Quellen abendlicher Zuverdienste galt es sorgsam zu verbergen. »Veritas« zum Beispiel, jenes wahre Stichelwunder, machte nicht nur von der Mode unabhängig, sondern auch das Haushaltsgeld ein wenig freier; doch ihr größter Vorzug drückte sich in einem Zauberwort der fünfziger Jahre aus, sie war – versenkbar, und gedacht für größere Räume, hieß das wiederum – sie war diskret. Nicht ein Besucher sollte von ihr wissen, wenn Beförderungen, Wunschgehälter, größere Verantwortungen und dergleichen Übertiebenheiten hin- und herzugehen pflegten; zwar gab es hier nicht die Parties wie im Westen, wo der Nachkriegsmittelstand sich neu formierte und es wirklich darauf ankam, aber auch die Hausgemeinschaft war nicht ohne Tücke, wenn sie nach der schwachen Stelle suchte, etwa nach dem eloxierten Brezelhalter, der als Kleinplastik selbst kunstgeschichtlich schon seit kurzem eingeordnet war, wenngleich fürs erste nur im populären Kanon einheimischer Industrie- und Formgestalter. Wenn dann in die Diskussionen all der vielen interessanten Fragen unseres neuen Lebens noch das Telefon mit seinem Summer tönte, konnten auch die Auftraggeber dieser Häuser sicher sein, der deutschen Hausfrau noch einmal und diesmal endgültig das Armselige der Moderne plastisch demonstriert zu haben. »Welchen deutschen Arbeiter hat je ein Fahrstuhl vor die eigene Wohnungstür gebracht?«, die Frage aller Fragen stellte mit historischer Genugtuung der »Augenzeuge« vor die Kinoreihen und verwies darauf, daß sich in Westdeutschland nur jeder fünfte in die eigene Badewanne zwängen konnte, jeder zweite nur den eigenen Wasserhahn in seiner kalten Küche tropfen hörte. Hier hingegen zahlte man für eine Wohnung mit drei Zimmern, Küche, Bad und Diele märchenhafte 69 Mark, und später erst begriff man, daß der gute Ausgang aller Märchen stets dem Wunderbaren sich verdankte.

Mittlerweile steht den Sanitätsratschlägen nachbarlich die Agentur »Pekunia« zur Seite, und ein Schelm, der wortbeflissen wähnt, hier würde Geld gewaschen, irrt: Versicherungen und Verträge für den Kauf millionenschwerer Häuser werden hier gehandelt, für die einsehbaren oder gar notwendigen Gewerke sind die anzüglichen Mieten mittlerweile unerschwinglich. Selbst der Handel mit den einheimischen Fluß- und Seefischen zum Beispiel nebenan, er riecht geradezu nach Ebbe, scheinbar hat es »Fisches Nachtgesang«, den wir von Walter Ulbricht schon zitierten, bis hierher nicht mehr geschafft. Auch nachbarlich im Haus »Sporett«, vielleicht mit »Rettung durch den Sport« zu übersetzendes Signet, hält sich der Zulauf joggingwilder Leistungsträger offenbar in Grenzen. 1952 war das völlig anders, als noch niemand das Wort Jogging kannte, aber jeder Emil Zatopek. In Helsinki vor vierzig Jahren lief noch etwas auf den Aschenbahnen, und die Prager Lokomotive machte solchen Dampf auf, daß sie dreimal Gold einfuhr, selbst Paavo Nurmi war das in den zwanziger Jahren nicht gelungen. Diesen wirklich flotten Dreier über fünf, dann zehn und schließlich zweiundvierzig Kilometer nannte man in jenen Tagen zwar noch Hattrick, aber ohne Ehefrau war er schon damals undenkbar. Denn Gattin Dana warf im gleichen Stadionrund den Speer so weit wie keine andere, und ihr Mann behauptete kokett, er sei nur vor dem Fluggerät so schnell geflohen. Für Wirbel sorgte Zatopek noch einmal 1968, als der mittlerweile arrivierte Militär seine befreundeten Armeen mit ihren Panzern sofort wieder in die Heimat wünschte, was ihm statt der Generalsbeförderung eine Tätigkeit als Bohrtrupphilfsarbeiter eintrug, Alexander Dubček brachte es noch immerhin zum Forstverwaltungsangestellten; doch zum Strahleruhm des Champions in der Moldaurepublik war nun für alle Zeiten das Gesicht des tapferen Parioten aus dem damals noch geeinten Land hinzugekommen, das zum ersten und zum letzten Male unter der Obristenmütze von den Titelseiten in der ganzen Welt heruntergrimmte.

Andererseits muß aber auch erinnert werden, daß man immer schon die Läufer lieben konnte und deshalb noch lange nicht das Laufen pflegen mußte. Walter Ulbricht, in den Dingen des gespaltenen Bewußtseins umgetrieben und mit seinem Volk vertrauter als gemeinhin angenommen, hat das schon geahnt und seinerzeit auch dieses heiße Eisen herzlich wie poetisch ausgeschmiedet, wenn er sportlich reimte:

»Jedermann an jedem Ort
einmal in der Woche Sport.«

Unendlich viele Fotos zeigten, daß der Schwung gestählter Leiber ihm genausosehr am Herzen lag wie der von trefflich ausgeformten Versen. Hochbetagt sah man ihn oft in Höhenlagen mit Frau Lotte durch die Loipe traben, und ein schmetterndes »Spur frei« entfuhr spontan und unpolitisch seiner Stimme, die vom sonstigen Gebelfer oder von den Lobgesängen auf die eigene Staatsraison hier vielen schon als ausgegurgelt galt. Aufnahmen nur in bester Qualität, das Licht des Vorbilds in den objektiven Linsen von Carl Zeiss gebündelt, welche nun im Nachbarladen durch die Konkurrenz von Nikon und Minolta die Gefilmten sind. Im Schaufenster von damals fragte man die Kunden: »Wissen Sie, was scharf ist?«, und es gab darauf nur eine Antwort, Practica super TL.

Als Walter Ulbricht noch vom Slalomhang des Brockens rutschte oder bibbernd auf der Jugendschanze stand, um Bildreportern aller Länder eindeutige Posen vorzuführen, war der Harz noch vielen eine Reise wert, und Urlauber wie Fluchtbereite irrten durch die eingeschneiten Wälder. Auch die Wurmbergschanze nahe Schierke war noch zu Beginn der fünfziger Jahre ein Kuriosum, denn ihr Auslauf wurde von der

Grenze mittendurch geschnitten. Wie ihr stichig-fauler Name schnell dem ideologisch Kundigen verrät, stand sie auf Adenauers Seite, bei den Parasiten der Geschichte, und man konnte damals noch im Westen starten und im Osten landen.

O verkehrte Welt, mag mancher hier versonnen vor sich hin gegrübelt haben, der in Sorge oder Elend wohnte, jenen Dörfern, wo die Grenze durch die Höfe fuhr und sie in schläfrige Dornröschenjahre zäunte. Leider fand auch niemals ein Parteitag zwischen diesen beiden Dörfern statt, wie Einheimische es im Scherz empfahlen.

Die Bekümmerung, nun nicht mehr so gefragt zu sein, herrscht auch bei Pentacon, der Optikfirma, die man damals hin und wieder davor schützen mußte, daß ihr eingeschneites Langlauftopmodell WU sie allzuoft zum Erzfeind Pentagon heruntersächselte. Ein Blick noch ins Milieu der »Feinschmecker« von alter Konvenienz, in der noch Eins-A-Bratenfleisch mit Sättigungsbeilage auf der Karte stand und die Salate farbenfroh die blasse Remoulade deckten; mittlerweile ist die einstige Majorität der Mayonnaise längst gestürzt, man hat aus praktischen Motiven unser Gaumenparadies zur Suppenschmiede umgerüstet, doch im Grunde ihrer Töpfe konnte auch die Küche bleiben, was sie immer war und wie sie altgewordene Gourmets hier lange schätzen – Terrina incognita.

Wir haben nun endgültig das FRANKFURTER TOR erreicht, das, wie bekannt, kaum zufällig so heißt, erinnern wir uns des Beginns. Der lag am Strausberger Geschenkgewimmel, wo wir die Allee gewissermaßen durch ihr Westtor kennenlernten, und wir stehen jetzt am östlichen, wo das Gemeinwesen sich ursprünglich vollenden sollte. Selbst Besucher, welche damals noch verzagt und nur zum Bummel in das Viertel kamen, um es hier am Osttor wieder heimwärts und beladen zu verlassen, fühlten sich vielleicht zumindest für kurze Zeit vom Neuen Menschen eingewickelt.

Auch hier zwei Hochhäuser als Stützen unseres Tores,

gleichsam Pfosten einer Zitadelle, die dem dekadenten Siegeszug der westlichen Reklame beispielsweise hier noch wehrhaft widersteht. So sieht man stadtauswärts noch jene originalen Lettern, welche in der DDR ein Monopol benannten, auf dem Turme prangen – RFT. Die Initialen meinten Radio, Fernsehen, Television, und es bleibt eins von den originalen Rätseln wiederum der DDR, warum sie wohl ein Extrakürzel jeweils für das Fernsehen und für Television geltend machte; denkbar ist, daß Television polyglott-sublim benannte, was das Fernsehen proletarisch-international verdrahten wollte. »Messen-Prüfen-Überwachen« steht darunter, schließlich ging es nicht nur um private Bild- und Tonempfänger, sondern auch Signale, welche manchem Hören und Sehen vergehen ließen. Den Beginn der Fernsehära hierzulande läuteten dagegen eigene Modelle ein, und die versah man mit den Namen derer, die Jahrhunderte zuvor in Deutschland schon für ordentliche Bilder sorgten. Alte Meister prangten auf den neuen Wunderkästen, unter Rembrandt oder Dürer machte man es anfangs nicht. Doch schon das erste ausgelieferte Gerät fand nicht den Weg zum Kunden, Wilhelm Pieck bekam es zum Geschenk. Der volkstümliche Präsident indes besaß noch Skrupel solcher Privilegien wegen, er verschenkte seine volkseigene Laterna magica gleich an die Pioniere weiter, die benannten dafür, ihrerseits nicht kleinlich, dann ihr erstes großes Sommercamp nach ihm. Erst später standen Lieferschwierigkeiten der beschriebenen Art für dieses Land schlechthin als Markenzeichen; sicher baute man schon zwei Jahrzehnte Fernseher, doch jetzt erst nannte man sie mit Bekennermut »Debüt«. Die Radios hießen in den siebziger Jahren dann noch viel entschiedener »akkord«, sie riefen schließlich jeden Morgen pünktlich an die Bänder, wo die Sinfonie der Großstadt zu den Klassenschlachten in der Produktion erklang. Die ersten Radios taten ähnlich vornehm wie die frühen Fernseher, sie hießen Beethoven und Händel, von den Skalen leuchteten die Städtenamen zwischen Hilversum und Canberra, von Oslo bis Florenz – die

Strausberger Platz Richtung Frankfurter Tor, 1968

letzten aber wurden sang- und klanglos abgeknipst, it's not a trick, it is a Sony.

Früher sah man hier am Eingang unseres U-Bahnhofes große Glasschaukästen; diese hatten niemals einen Fahrplan zu umrahmen, sie beherbergten vielmehr die Fotos von verdienten Vorarbeiterinnen oder Gladiatoren der Betriebskampfgruppen. »Straße unserer Besten« hieß der Fries, den wirklich Guten unter ihnen war es ohne Frage peinlich, und sie blickten auch nach ungezählten Schnappschüssen noch recht betreten in die Augen des geforderten Betrachters, der sich häufig unter Geisterbahnfiguren wähnte.

Hier nun also steht das »älteste« und gleichsam schmuckloseste Haus der Straße, denn kein Café, nicht ein exponierter Laden fand in ihm sein Heim. Dabei wurde gerade hier der Grundstein der Allee und der des Sozialismus gleich dazu gelegt, vom Fundamentalisten Grotewohl, und dieser schätzte damals so aufs Geratewohl, daß es doch besser sei, »dreiunddreißig Millionen Stück unter Schutt verborgene Mauersteine hervorzuholen als wiederum, wie im letzten Weltkrieg, dreiunddreißig Millionen Menschen in die kalte Erde zu bringen«. Zehntausende vermochten ihm da nicht zu widersprechen, denn der Musenfreund der SPD, der seine Hand nicht nur zum Musizieren und zum Zeichnen nutzte, sondern sie vor allem einst der Zwangsvereinigung geboten hatte, war nicht ein dahergelaufener Tischler, sondern kam vom – Buchdruck. Vielleicht deshalb fand die vielzitierte Einheit der zerriebenen Arbeiterparteien auf einer Operettenbühne ihr ersehntes Happy-End, als im Berliner Metropoltheater eine Hand die andere wusch. Das Haus gab 1946 allerdings der schwerer noch getroffenen Staatsoper Quartier, so daß für manchen der Zusammenschluß auch einer Seifenoper mit gemischtem Chor geglichen haben mag. Doch mit dem totenblassen Ziegelsteinvergleich sprach Grotewohl am Tag der Grundsteinlegung unserer Straße immerhin von echten Aufgaben, als wirkliche Berufe noch in weiter Ferne lagen. Daß der Wechsel aus dem Stalingrader Paulusheer in die Armee der freiwilligen Helfer oder der vom Eintopfsonntag hin zum Aufbauwochenende auch vertrackt war, ahnte mancher wohl schon vor dem Juniaufstand, so der anwesende Erste Sekretär von Ostberlin Jendretzky, den man später dann als Plattformbildner und Sektierer aus dem Augiasstall hinauswarf. Als Gewerkschafter ließ man ihn später Schularbeiten machen, um vermeintlich selbstverwaltungsinfizierte Syndikate auszumisten, doch zu seiner Ehre darf man sagen, daß auch dies ihm nicht besonders gut gelang. Ein anderer, der gleich ihm darüber nachsann, Ulbricht aus dem schlecht geführten Amte zu entfernen, gab sich 1952 noch sehr zuversichtlich; während ihrer Zweiten Konferenz erklärte Rudolf Herrnstadt, Chef des »Neuen Deutschland«, den Genossen: »Und bestimmt wird der Gegner, dieser Meister im Danebenraten, höhnen: ›Ein Straßenabschnitt, und da reden sie schon vom ganzen sozialistischen Berlin‹. Wir erwidern darauf: Vorsicht! Erst ein Winterpalais und dann die ganze

Frankfurter Tor, 1956

Blick in die ehemalige Bersarin-, heute Petersburger Straße

Sowjetunion (stürmischer, langanhaltender Beifall). Erst ein verhöhnter Hennecke – und dann eine ganze Armee von Aktivisten (starker Beifall). Erst ein Straßenabschnitt Strausberger Platz–Bersarinstraße und dann die ganze sozialistische Hauptstadt Deutschlands – Berlin.« Daß der Gegner so gesprochen hätte, wie ihn Herrnstadt intonierte, war schon damals eher unwahrscheinlich, der zum Beispiel gerade entstandenen »Berliner Morgenpost« war solche Unbeholfenheit gewiß kaum zuzutrauen. Doch auch das unverfroren vorgetragene Sächsisch seines Chefs klang immer weniger mit Herrnstadts Sprache ineinander, und er fiel in Ungnade, nachdem die Galgenfrist für Ulbricht glücklich abgelaufen war; in Moskau hatte man ihn probeweise schon als Bauernopfer debattiert, um für die russischen Depeschen an Herrn Doktor Adenauer respektive dessen Alliierte bessere Noten zu erhalten und das linksrheinische Bindungsstreben aufzulockern, aber Walter Ulbricht hat so lang geweint, bis klar war, Reiter wechselt man nicht während eines Rennens.

Unbekümmert vom brisanten Personalgeschehen wehten zwischen beiden Türmen über der Allee die Worte des berühmten Eckenstehers Nante »Mensch, Berlin, wie haste dir vaändert« und behaupteten die Perspektive schon im Perfekt und vollkommen – als vollbracht. Man glaubte voller Zuversicht und offenkundig jenen Worten Adolf Glaßbrenners, der hundertzwanzig Jahre früher schon den Eckenstehern zugestand, sie seien unbescheiden, standhaft, menschenfreundlich und vor allem von unendlicher Geduld. Da meinte er die echten Lümmelbrüder, Nante aber war im besten Fall ein kurzer Ferdinand und frei erfunden wie der Neue Mensch in unserer Straße auch, und seine wenig frommen Wünsche, die ihm Karl von Holtey auf die Zunge packte, waren es selbstverständlich ebenso und wirkten auf Beteiligte wie das entsprechende Berliner Sprichwort – »Keß wie Nante«. Dafür waren die durchsichtigen Kuppeln auf den Pfosten unseres Tores allzeit lichtdurchflutet, mancher fühlt sich heute noch daran erinnert, daß der frühverstorbene Dichter Louis Fürnberg einstmals träumte, eines schönen Tages würden wir auf gläsernen Terrassen wandeln.

Wir hingegen wagen uns ins Freie, denn mit diesen Türmen endet praktisch der umfriedete Spaziergang. Jetzt beginnt das bauliche Dakapo der Allee, denn ursprünglich sollte das Viertel in die Tore eingebettet liegen, doch den damaligen Schwung ausnutzend, gab man noch ein weiteres Stück hinzu, dreihundert Meter etwa standen für den Übermut, der Bäume ausriß und zu Balken trimmte:

»Dieses war der erste Schritt,
und den zweiten machste mit.«

Das war noch der Elan, auf den man sich auch später oft und gern berief, den wirtschaftlichen Flickenteppich immer wieder neu zu knüpfen, doch am Ende schließlich war er jammerdünn und federleicht, und alles flog mit ihm davon.

Mit imposanten Eckbauten nimmt der Beginn der Zugabe den Zug der Straße würdig auf und steht der torbewehrten Stadt nicht nach. Im riesigen Kosmetikladen ist inzwischen ein Solarfrivolium einquartiert, denn schließlich ist es nicht mehr ganz so einfach, sich am FKK-Strand frei dem Sonnenbade hinzugeben. Früher war fast jeder zweite Strand den nudeligen Nudisten reserviert, sie waren das Badesalz in der bigotten Suppe, denn im neuen Leben galt die Schubkraft neuer Lenden dem gesellschaftlichen Fortschritt wenig, doch noch heute hält so mancher zeitbeflissene Chronist, der gern den Blick in größere Zusammenhänge stellt, die fünfziger Jahre sogar für die Taille des Jahrhunderts. An den nunmehr bundesdeutschen Stränden zwischen Boltenhagen und der Insel Usedom hat allerdings der Tierschutz jetzt Saison. Zu zweihundertundfünfzig Metern Sand für unsere unverbesserlichen Nackedeis gesellen sich mittlerweile achthundert für unsere vierbeinigen Lieblinge. Verschämte Polizisten wachen, daß die guten Sitten eingehalten werden, früher spähten sie nach kühnen Schwimmern, deren Blick zu neuen Ufern ging. Vorläufig liegt es ganz allein beim Mann der Ordnung zu befinden, wo Verderbtheit zu bekämpfen ist, denn noch sind Sittenfrevel und Verwahrlosung nur allzu provisorisch definiert. Offene Fragen gibt's wie Sand am Meer, im neuen Jahr jedoch erscheint der langersehnte Bußgeldkatalog und schafft für alle Interessierten Klarheit. Wo nun heute in geschlossenen Räumen der Pigmente hascht, dem das Verfahren spießig oder das Ozonloch nach wie vor zu klein ist, sang man in den falschen Fuffzigern dem Linderungsmittel »Schmerz, laß nach« das Hohe Lied. Die Werbung pries die Schälkur »Boa«, welche die Probleme noch sprichwörtlich löste, beispielsweise das der Hornhaut von den Füßen, welches unsere Menschen ganz genauso drückte wie die Schuhe aus der volkseigenen Produktion. »Gesunde Hände braucht der 5-Jahr-Plan«, behauptete die Losung, die die Salbe mit der lyrischen Bezeichnung »FFW 102 – stark fettend« pries, denn die bot sicheren Schutz vor Mörtel, Ruß, Zement und auch Karbid. Im Westen gab sich zwar der Fleckentferner »K2r« nicht gerade poetischer, doch dafür sehr viel privatimer, wenn er mit so sinnlichen Malheuren kämpfte, wie sie Lippenstifte aus der Grabbelkiste auf den Nylonkragen hinterließen. Nicht zu reden von den schlimmsten Schwerenötern, die die Menschen seinerzeit verängstigten, Bakterien gingen hin und her bei solchem Treiben, aber »Wofasept« war längst schon auf dem Markt, das feine abgestimmte Antiseptikum, das Peinliches vermied und Selbstvertrauen wiedergab. Die schweißtreibende Mode späterer Jahre forderte auch weiter Derbes, wenn die Zeitgenossen aus den Muffelblusen stiegen, neues Material wie Dederon und falsche Seide fand in exquisite Läden, die Bakterien kamen kaum noch aus den Achselgrüften, doch der Kleinzerstäuber sprühte sein Parfön so lange in die letzte Höhle, bis das Spray den Druck aufmachte, dessen der Schwung des gutgelaunten Zeitgenossen noch ermangelte.

Schon seinerzeit erwiesen sich die »Männermoden« nebenan noch strapazierfähig und exklusiv zugleich, und mancher Name schien dem Hersteller viel mehr historische Verpflichtung als Bedrückung; wenn zum Beispiel »Goldfasan« im Logo einer volkseigenen Feinstrickbude glänzte, durfte man auch Stoffe für die festlichste Gelegenheit und selbst den zugeknöpftesten Galan erwarten. 1953, wie so oft in unserer Geschichte im November, war ein Ruck durch die ermüdeten Verhältnisse gegangen, Frieda Hockauf webte über ihre Norm hinaus fast fünfzig Meter von dem Stoff, aus dem die Träume werden sollten, und erläuterte: »So, wie wir heute arbeiten, wird morgen unser Leben sein.« Ein wahres Wort, gelassen ausgesprochen, doch zu viele dachten seinerzeit schon umgekehrt und schreckten vor den Anziehpuppen unserer »Herrenmoden« leicht zurück. Die saßen in so mancher frühlingsfrohen Joppe locker im Traktorensitz; samtpfotenweicher Wellbeton und wollhaltiges Stichelhaar waren damals die gefragten Materialien, wenn man mit gewandtem Schick und mit dem Slogan »Eleganz hat Vorfahrt« vor die Menschen trat. Für kalte Tage ein Paar Grimma-Handschuhe dazu, mit äußerem Webpelz und der kunstledernen Innenhand, Verbrechen lohnte sich da wieder, trug sie doch ein jeder tapsig in der blinden Menge, ob nun blondgelockter Jüngling oder nur der Sünder mit dem kahlen Scheitel. Mode wollte alles andere als käuflich sein, denn schließlich war man nicht im Westen, wo man »Mode für Millionen« zu entwerfen vorgab und mit Mode die Millionen einfuhr. Hier war Kleidung stets »modern und praktisch«, jede Oma wurde glatt »zum Backfisch«, für den einen wie die andere aber war die Mode nicht mehr auszudenken ohne ihren handfesten Bezug zum Neuen Menschen, der sich in der Arbeitswelt und in gesellschaftlich bewußt verbrachter Freizeit zu erweisen dachte. Spätere wissen, es gelang ihm so lala, doch mittlerweile gibt er sich in Seide als erfolgverwöhnter Abenteurer auf dem Truck. Dennoch kam »Fritz, der Traktorist«, der morgens stets am Feld der erste ist, auch früher hier schon eher selten ein, um in der neuen Hauptstadt den Erwerb des Binders aus Trevira zu erwägen, der beim Ernteball die Puppen hätte tanzen lassen. Schließlich hatte sich der Klassenkampf auch auf dem Dorf massiv verschärft, wie es der letzte Klassiker in seinen vielempfohlenen Schriften prophezeit hatte, da galt es wenigstens beim Feiern eine ausgezeichnete Figur zu machen, wenn der Neubauer dem Altbauern schon sonst nicht an die Wäsche konnte. Zwar war allen Grundbesitzern schon vor Jahren jeder Boden unter ihren Flurentretern weggezogen worden, aber man war noch um Jahre weit entfernt vom großen Bauernlegen, welches 1960 auch die letzten Unwilligen in die staatsbestellten Kollektivwirtschaften trieb. Die jungen Volksagitatoren suchten Jahr um Jahr all die verstockten Höfe heim, um auf dem Lande endlich ihren Frühling und die Saat des Sozialismus einzubringen. »Früher brummte es in der Luft, und heute bumst es an die Tür«, so suchte man die Aufklärer ironisch abzuklären, vielleicht deshalb reichten manchmal bis zu dreihundert der ungestümen Weltveränderer beispielsweise nicht, ein Dorf mit fünfzig Höfen zu bekehren, und so schlugen irgendwann nicht nur die Bäume aus, sondern die Staatsorgane zu und fuhren mit dem Trecker »Stalinez« die letzten Ackergrenzen platt. So manchem Traktoristen wurden bis zu fünf Umkreisungen des Erdballs nachgerühmt, auch wenn er mit dem Furchenzieher auf der Scholle blieb und seine Weltexpedition nur in die lichte Perspektive seines immergleichen kollektiven Ackers führte. In den Fünfzigern fuhr selbst der Präsident noch häufig über Land, wo er zum Beispiel die Labore des Saathauptzuchtgutes interessiert besichtigte, um schließlich einen Blick ins Mikroskop und zwei ins kollektive Glück der kleinen Borstentiere zu riskieren, denn die Ferkelaufzucht in den Freiluftställen hatte von der Tierhaltung der Kolchosbauern kräftig profitiert. Als immer wieder gern gesehener Gast gab auch der Maisbauer Chruschtschow so manchen guten Rat für die Erziehung deutscher Hirse, und als Agronom zu arbeiten bedeutete inzwischen, Bauern- wie auch Apothekerqualitäten zu besitzen, beides für den Klassenkampf ansonsten nicht gerade gefragte Fertigkeiten. Dreißig Jahre früher hieß es in dem Riesenland noch »Auf die Pferde, Donkosaken«, jetzt rief man die Jugend auf Traktoren, und die Jugendzeitschrift »Frösi« – Fröhlich sein und Singen – referierte die Empfehlung, viel mehr Traktoristen sollten von der Aussaat bis zur Ernte nach der Manukowski-Technik arbeiten und so zu Musketieren ihrer Königin, der Maisfrucht, werden; und ein Dichter schrieb der mehligen Monarchin gleich ein ganzes Buch – »Die Maisfibel« fand 1960 in die Bücherschränke aller zehnklassigen Schulen. »Die vier Brummers« trällerten

»Der Mais, der Mais,
wie jeder weiß
das ist die Wurst am Stengel«,

ein besonders strammer Bengel. Oh, frivol ging es im Fernsehen zu, und Meisterbauer Heinrich Sänger stemmte seinen Siebenpfünder lieber in die Titelseite einer Illustrierten und erzählte aus der Rübenstiege: »Drei Teile Stallmist und einen Teil Erde zur Miete. Das erwärmt sich auf sechzig Grad. Wir kühlen mit Jauche ab und … haben den besten Mist.« Klar, daß man bisher mit Stallmist allenfalls auf zwei Pfund kam, mit kollektivem Erdmist aber würden sieben Pfund zur Regel. Mühelos »ist der Ertrag von zwei Ernten so hoch wie sonst bei dreien«, und zwar mindestens, ergänzen wir mit Adam Riese, und mit Friederike Kempner hadern wir in diesem Fall von wegen »Nimmer duftig ist der Mist«, unwissend nur und grau ist alle Poesie. »Ihr steigert die Hektarerträge durch die Anwendung sowjetischer Agrarerfahrungen!«, so forderte das neue Bildungsmonopol die alten Schollenhacker rumpelnd auf den Plan. Der hieß dann freilich auch schon Soll, und wer es nicht erfüllte, galt als Spitzbube und fuhr statt seiner kümmerlichen Ernte häufig selber ein. In Zeitungen und Filmberichten führte man die Saboteure vor, die voller böser Absicht ihre Scheunendächer undicht hielten, ihr Getreide mutwillig verschimmeln ließen und Erfolgsplakate in der Dorfgaststätte mit dem dritten Kornbrand schändeten. Das galt für groben Undank, denn die gleichen Medien zeigten etwa Mecklenburger Dörfer, deren Katen noch im Winter 1953 ohne Strom und Wasser waren und der jungen Volksmacht eine nun fast großstädtische Lebensart verdankten. Jene Störenfriede rekrutierten sich nach Auskunft der Experten maßgeblich aus den Enteigneten, die 1946 selbstherrlich wie engstirnig das Angebot der Staatsmacht ausgeschlagen hatten, sechzig Kilometer weit von ihrem alten Grund das Leben eines Neubauern zu wagen. Flegel dieses alten Schlages wollten weder ihre Ernte dreschen noch sich selber drillen lassen, schließlich hatten sie die Felder dieser neuen Politik nun wahrlich nicht bestellt. Der Frühling 1960 aber schließlich stellte sich auch ungerufen ein, den kollektiven Flächen prophezeite man ein großes Blühen, das selbst Yankees und Kartoffelkäfer nie mehr hindern würden. Aus dem Werktag zweier Welten konnte man nur eine wählen, denn »Wo friedliche Völker bebauen ihr Land, / wirft Amikäfer die Verbrecherhand«. Doch »Von Schädlingen zu säubern die reiche Saat, / setzt Flugzeuge ein der Sowjetstaat«.

Schon zu Beginn der fünfziger Jahre hatte Gerhard Eisler, Bruder des bekannten Komponisten und nicht schlecht mit dessen ständiger Verwechslung lebend, sein Amerika entdeckt und ihm gedroht, dem Weißen Haus die Schädlingsausfuhr nachzuweisen. In den Sechzigern besorgte er ein säkularisiertes Wort zum Sonntag, welches regelmäßig engagierte Jugendliche aus der Pein gesellschaftlicher Unklarheiten retten wollte, während Willy Brandts Kolumne seinen Westberlinern Rede stand, »Wo uns der Schuh drückt«. Auch im Radio gab sich der Professor später unamerikanisch: »Sind die Astronauten aus Amerika genauso mutig wie die Kosmonauten der Sowjetunion?«, dem jungen Heimbewohner wurde salomonisch Antwort: »Aber ja, wenn man bedenkt, wie wenig sicher die amerikanischen Raketen im Vergleich zu den sowjetischen gebaut sind.« Walter Ulbricht hatte da als selbsternannter Agronom Fundierteres zu sagen, als er in Erwartung voller Scheuern zu den Bauern, den natürlichen Verbündeten vom Lande, sprach. Die abendliche Aussprache im Dorfgasthof kam zum Befund, die Decke Adenauers sei sehr dünn, und mit Erstaunen hörten unsere Landarbeiter weiter, daß der Vorsitzende dies dem Kanzler immer schon gesagt hätte. Den neuen Ackerbürgern, die mit Schnaps und Bier den Schritt vom Ich zum Wir begossen, um ihn nicht zu sehr als harten Tritt in ihren Bauernhintern zu empfinden, winkten in der Klause beste Noten, Walter attestierte ihnen: »Ihr seid gute Außenpolitiker. Ihr wollt den Siebenjahrplan schon 1963 erfüllen, und ihr sorgt dafür, daß wir Westdeutschland ein- und überholen«, offen ließ er dabei listig, ob das eine Feststellung war oder eine seiner subjektiven Korrekturen am kommoden Fortschrittsschwung. Denn mittlerweile kämpften die Genossenschaften nicht nur auf der Überholspur ihrer Ackerfurche, sondern auch um Namen, die sie wirklich schmücken würden, wer noch wollte in der Mitte des Jahrzehnts zum Beispiel »Fortschritt«, »Frohe Zukunft« oder »Vorwärts« heißen, wenn selbst jede Schusterinnung in Geschichte machen konnte. Einer Absatzbar, die hier nicht Jakob Böhme hieß, stand beispielsweise immer noch Hans Sachs zur namentlichen Wahl, und dazu mußte man auf Philosophens Rappen ganz genauso wenig tippeln, wie man wissen sollte, daß der Fastnachtsdichter sich schon vor Jahrhunderten an selbsternannten Paradiesvertretern delektierte. Da war es auch in den Dörfern geradezu historisch angezeigt, als kollektiver Landherr für den Titel »Thomas Müntzer« oder »Florian Geyer« alles aufzubieten, schließlich sagte man dem ersten nach, er sei ein früh schon aufgestandener Bodenreformator, und dem zweiten stand man einfach wegen seiner unkonventionellen Taktik nahe, die man gern vom Schwarzen Haufen übernommen hätte. Gleich den Schusterjungen mußten auch die werktätigen Bauern nichts Genaues über ihre Namensgeber wissen; daß sich Pater Müntzer nicht nach aussichtslosem Kampfe einem öffentlichen Tribunale stellte, sondern morgens aus dem Bett heraus verhaftet wurde, oder daß die Bauern schließlich sich den Zündelhauptmann Florian fast selbst vom furchtgeschnürten Halse schafften, das waren allenfalls Geschichten für Kartoffelfeuer und nicht für Brigadebücher. Besser hätten damals schon die Kollektiven, aber ohne Wimpel und Pokale, um den einzig angemessenen Namen kämpfen sollen: »Kohlhaas«; der indes war Anarchist und obendrein inzwischen wie sein Autor faktisch West-Berliner. Beide wird man ohnehin nicht in der Nähe gerade dieser Straße wähnen, dabei hat vor mehr als vier Jahrhunderten das Vorbild für die Kleistfigur nur einen Steinwurf weit entfernt vor seine Richter treten müssen. Das Berliner Hochgericht sprach 1540 in der Großen Frankfurter den Bürger Kohlhase in allen Punkten schuldig und verwies ihn an den Henker. »Nie sah den Gerechten ich verlassen«, waren die letzten Worte des berühmten Delinquenten, vornehmer sprach nach ihm kein Berliner, nicht ein Preußenkönig, ganz zu schweigen von den später zugezogenen Herrschern.

Neben unseren »Männermoden« residiert jetzt Ost-Berlins erster »New Yorker« für die ewig Jungen, die vor kurzem noch mit einem einzigen azzurroblauen Hemd und mit genauso vielen englischen Vokabeln ausgekommen sind und nun das knallige Wort »Cash« im Fenster häufig erst beim Kassenfiepen ganz begreifen. Die Erfahrung nur macht halt den Meister, und auch Bildung, wie die Bibliothek gleich nebenan sie bietet, hilft so manche all der Klippen elegant umschiffen, die den Neuen Menschen in dem völlig neuen Leben nun so oft bedrohen. In den fünfziger Jahren gab es kaum etwas so häufig wie die Bibliothek, denn schließlich war man angetreten, das verfluchte Bildungsmonopol der Bürgersöhne zu zerbrechen und die eigene Weltanschauung wissenschaftlich zu begründen mit der

Wissenschaft als Weltanschauung. Komplizierte Dialektik gerade für ausgeschlafene Jugendliche, die am Puls der Zeit, wenn nicht gar nahe der Sektorengrenze lebten, galt es täglich beizubringen, manche Wendung in der Theorie war jäh und überraschend wie sonst nur die Schulranzenkontrolle, die den Schund- und Schmutzerzeugnissen des Westens klassenkämpferisch den Garaus machen wollte. Ganz besonders heftig tobten jene Schlachten zwischen unteren und oberen Klassen, denn die jüngeren mußten vor den älteren Schülern demonstrieren, daß nur Unverfängliches zu ihrer Habe zählte – eine pädagogische Gemeinheit. »Kennen Sie die Mappe Ihres Kindes?« fragten furchteinflößend die Kampagnen, und die Schulen machten manchem Elternpaar ein allerletztes Angebot, bedenkliche Versäumnisse in kameradschaftlicher Weise aus der Welt zu schaffen. Zwar war die Geduld der Staatsmacht eine revolutionäre Tugend und dem ganzen Land geläufig, doch sie hatte ihre Grenze, die aber war immer noch sehr weit geöffnet für die kleinen Schmuggeleien im großen Stil. Gewiefte aber machten damals schon die Konterbande nicht mehr in den Taschen der gebeutelten Eleven aus, vielmehr erkannten sie Verbotenes im Schnitt der Hemden und der Hosen, und Gefahr war im Verzug, solange unsere künftigen Erbauer nur verschossene Garderobe einte.

Daher lag die Bücherei unmittelbar am ehemaligen Revier der Polizei des Volkes, und nur Ignoranten können das für Zufall nehmen. Wie wir eben sahen, wollte auch der Geist von Zeit zu Zeit geordnet werden, und zum anderen hätten all die Witze über den berühmten Lesehunger unserer Ordnungshüter hierzulande selbst die Bibliotheken füllen können. Das blieb aber eher anderen Verdiensten vorbehalten, etwa jenen freiwilligen Wacheinsätzen auf der damaligen Großbaustelle, die dort tausendfach die Ruhe wahrten und Agenten ohne Chance, ja selbst den Mond nur noch sehr stille gehen sahen.

Das Legoparadies, der letzte Laden hier auf unserer Seite, machte früher Kinderträume wahr, zum Beispiel den, in einer

Kapsel um die Welt zu kreisen, und der VEB Galvanik stellte plangetreu und vorweihnachtlich seine vielen Sputniks ins Regal. Doch spielerische Höhenflüge waren seinerzeit sowenig populär wie später; in der drei Minuten weit entfernten Mainzer Straße gingen bei der Räumung der besetzten Häuser auch die neuen Ordnungshüter mit Gebühr zu Werke, wie der Steuerzahler es erwarten darf. Der rote Schal des Bürgermeisters wehte über seinem ersten Ostengagement so heftig, daß er sich in ihm verhedderte und es zugleich sein letztes wurde; bei den nächsten Wahlen siegte gutgekämmt der Vorgänger im Amt, und manche Mutter zwischen Steglitz und Frohnau schlief wieder ruhiger.

Wir sind am oberen Ende der Allee, am östlichen und mithin an der selbstgesetzten Wendemarke angelangt und schlagen wie in einer oberen Stadionkurve und in streng olympischer Manier den Weg ein, der bekanntlich nie zu spät und stets der rechte ist: den Weg der Umkehr. Hier aus dieser Richtung kamen 1945 von der Oder her die russischen Soldaten, denen die Befreiung nicht nur materiell entgolten wurde. Ihnen setzte die Allee auch insofern ein Denkmal, als sie sich nicht nur am deutschtümelnden Schinkel orientierte, sondern noch viel mehr am Generalbebauungsplan von Moskau, mit dem 1935 die wohl markigste Kritik an jeder Form modernen Bauens vorgetragen wurde wie ein Angriff von Budjonnys Reitern. Die Logiergäste aus Moskaus Edelhotel »Lux«, die dort das gute Dutzend ihrer Jahre im Exil verbrachten, revanchierten sich beim größten Sohn des großen Landes so fürs Überleben. Mancher ahnte wohl in Stunden unverklärter Rückbesinnung an die Säuberungen eineinhalb Jahrzehnte früher, daß es um weit mehr ging als die fristgemäße Übergabe von potemkinschen Gebäuden.

Die Enttrümmerung begann auf dieser Höhe, und von außen wühlte man sich schnell nach innen. Trümmerhaufen schmolzen fort wie die vom Hörensagen gut bekannten Butterberge in der Sonne, denn die Zahl der Freiwilligen überwog bei weitem jene der Getriezten.

»Es fällt nicht schwer,
so brummt der Bär,
drum halte Schritt
und baue mit.«

Schließlich auch waren immer noch nicht alle Helden aus den Weiten Rußlands heimgekehrt, so daß die Wochenendeinsätze eher großen Damenwahlen glichen, als daß wirklich »Mit dem Namen unserer deutschen Hauptstadt auf den Lippen« oder mit der Losung »Trümmerfrei zum ersten Mai« Geschichte reuevoll entrümpelt worden wäre. Der gefurchte Traktor »Famulus« erledigte auch seine Wege durch die Trümmer dienstbar und mit wundersamer Zuverlässigkeit, der Schlepper »Aktivist« war mehr in der Umgebung von Berlin beschäftigt. Dort half er, die eingeschlagenen Wälder naher Forste abzufahren, denn die Baugerüste für die Blöcke der Allee entstanden noch aus echten Kiefernbalken, und der Zimmermann war so ein achtbarer Berufsstand. Brecht imaginierte damals einen Brief an einen jungen Bauarbeiter, und in diesem gab er sich in Sachen Stadtbewuchs und Grünanlagen ratlos: »Deine Allee hat / noch keine Bäume, / ich weiß nicht woher du es nehmen sollst, / was ich von dir verlange.« Nur wenig früher, im Exil, war ihm ein Plaudern über Bäume nur vergleichbar mit Verbrechen, doch auch später war es hierzulande eher schwierig, bei verholzten Staatsbeamten ungesunde Wälder ins Gespräch zu bringen.

1952 rodeten die Kettensägen erst mal ganze Landschaften, in die man dann die Reißbrettstädte und die Industriegiganten pflanzte. Jeder lernverdrossene Junge tröstete sich noch bis in die späten sechziger Jahre mit der Möglichkeit, als gutbezahlter Hilfsarbeiter über Land zu ziehen und Montageabenteuer zu bestehen. Jack London war ein Muß und außerdem das absolute Maß, er stand in allen Schaufenstern, auch wenn man sonst die nordamerikanischen Romane eher mißtrauisch und in nur kleiner Zahl verlegte. Offenbar hat nie ein Pädagoge auf das subversive Potential des »König Alkohol« so richtig achtgegeben, denn so mancher Jugendfreund hat Dawson-City schnell nach Eisenhüttenstadt verlegt und seinen Klondike in die Oder fließen lassen; doch was für die Volkswirtschaft ein zeitweiliger Segen schien, war auch das frühe Ende einer allmächtigen Schule, die bei Wohlverhalten Universitätsbesuche offerierte, die schon damals viele als zu kleinen Lohn für eine ganze brave Jugend ansahen. Und der Mann der Arbeit, dessen Allmacht stets im Einerlei der Klippklappschule angerufen wurde, fand so ungewollt sehr viele Jünger, und zudem schuf er die seltsame Fiktion, als Goldgräber zu leben, wo nur Kohle lag.

Nur leicht zurückgesetzt, wenn auch im Leben unserer kleinen Sparer schwer nach vorne drängend, lagert die Filiale der Berliner Bank die blanken Nickel. 1948, als man in Berlin die Währung erstmals reformierte, wetterte Klaus Gysi, der Kulturpolitiker und Vater seines Sohnes Gregor, diese sei das »letzte Attentat auf Deutschland«. Sicherlich ein gutgemeinter, wenngleich mutiger Exkurs in Sachen Nationalökonomie, denn seine tapfere These, »10% des guten Willens« hätten für das Miteinander zweier Währungen genügt, gemeinsam eine »Lösung zu erzielen«, fand schon damals wenig mehr als milde Nachsicht. In der noblen Zeitschrift »Aufbau« trug er den Gedanken vor, und deren vornehmem Konzept stand er gewiß um vieles näher als dem desolaten Alltag. Immerhin war 1950 hier noch manche Münze messingschwer, doch spätestens seit 1958 war der letzte Taler nur noch Aluminium wert. Die Aufbaulotterie, die große Friedenssparkasse des deutschen Volkes, war schon längst geplündert, doch es gab seit 1954 wieder echte Aussichten, sein Glück zu machen, wenn man mit dem Staate einmal in der Woche Lotto spielte. 1961, gerade hatte sich die ganze DDR zum gut verschlossenen, aber vorerst leeren Safe gemausert, machte man mit müder Ironie die Bürger auf die neuen Zwänge aufmerksam und kündete das Ende ihrer »Wechseljahre« an, und keine Frauenzeitschrift hob die Stimme gegen die Geschmacksverirrung. Doch die Männer blieben ebenfalls gelassen, wenn mit Fügungen wie

»Meine Mutter ist der Plan, mein Vater ist die Arbeit«

Zeiten wie unter Penthesileas Schwert heraufzuziehen drohten. Drei Jahrzehnte später, fast war jenes Aluminiumkomma der Finanzgeschichte schon vergessen, wußte man sich doch noch einmal zu erinnern, von welch hoher Reinheit diese Währung all die Jahre war; nur drei Prozent Magnesium trübten siebenundneunzig Anteile des reinen Aluminiums, welches mittlerweile im markantesten Symbol des alten Gegners, dem Mercedes, unterkam, wenngleich es auch in Form der Türgriffe fürs erste wieder einmal draußen bleiben mußte. Auf dem Dach der Bank ist Kunst am Bau zu sehen, doch die Galionen hier am First gehören nicht zum Kreis um Hermes, wie es sonst im Bankgewerbe üblich ist, vielmehr zum Kollektiv des Bauarbeiters, der von oben auf die ärmlichen Couponabschneider hiesiger Geschäfte niederschaut. Auch Kunst ganz anderer Art ist reichlich zu bestaunen, wenn vielleicht auch nicht so recht am Platze; auf den noch vorhandenen Rasenflächen stehen hochmoderne Kreationen, deren stadtbekannte Kosten manchem für den Kunstwert stehen mögen, doch Betrachter, die die neuerworbene Freiheit auch des Kunsturteils so richtig auszuleben trachten, machen ihrem Unmut über nackte Kaiser lautstark Luft. Dabei ist es nicht ausgeschlossen, daß hier Kunst- und Stadtbauamt in einem pädagogischen Impuls gemeinsam an der Volkserziehung wirken wollen, schließlich wohnt in diesen Häusern noch so mancher unverbesserliche Kunstverhinderer von damals, wie so mancher Weltgewissensträger und Kulturfreund aus der Gegenwart ganz unverbesserlich vermutet. Bei den schmückenden Details der Aufbauzeit hingegen, etwa all den Figurinen über vielen

Hauseingängen, ist es beispielsweise eher schwer, sich zu entscheiden: liegt da über uns der ausgeschlafene und vielzitierte Arbeiter, der in der kleinsten unverhofften Pause noch den Blick ins Buch warf statt in seine liebevoll gefüllte Stullenbüchse, oder liegt da nur der eingeschlafene Leser, welcher schlecht gekleidet damals schon beim Heldenepos aus dem neuen Alltag überm Türbalken verwitterte? Wir sehen uns auf Vermutungen zurückgeworfen.

Früher wand sich unter ihnen jedenfalls die Käuferschlange quer durch alle Schichten der Bevölkerung, der Musenfreund erstand hier billig Fashs Trompetensoli und der Mann der Arbeit seine Rockerscheiben in Lizenz; doch jetzt ist Klassik nicht mehr billig, und die Popmusik ist nicht mehr lizensiert. Besonders schmerzlich ausgesungen haben »Unsere Schlagersterne«, die ein Buch im Jahre 1963 unter gleichem Titel präsentierte. Es war höchst kurios und ebenso verdreht wie unsere Schlager, die behaupteten, daß ganz Paris stets von der Liebe träume, aber nicht die Liebespaare hierzulande von Paris. Die Proportionen in den Schlagern waren nicht belangvoll, dafür wurde um so mehr darauf geachtet, daß sie zwischen ihnen stimmten. In den Tanzlokalen galt die Sechzig-Vierzig-Klausel, die den unlauteren Wettbewerb der westlichen Musikvertreiber unterbinden sollte und dem Frohsinn aus den landeseigenen Studios eine mehr als faire Chance gab.

»Dank AWA und HO
wird das Jugendleben froh.«

In den Tanzlokalen spielte man die eigenen Titel zur Erwärmung oder in den Pausen, und so wahrte man die gute Stimmung und die Rechte der verstimmten Sänger gleichermaßen. Von den Kämpfen um die Dielen des Gesellschaftstanzes aber unbekümmert, offenbarte sich das »Lied der Zeit« – so hieß das Haus, in dem das Buch erschien – als einerseits gewieft und andererseits komplexbeladen, wenn die Dame im

Wohnungsneubauten in der Stalinallee, 1952
»Erholungssuchende alte Leute sitzen auf den Sockeln von Aktivistenbildern, solange die Grünanlagen der Umgebung nur Ablageplatz von Baumaterial sind.«

Herausgebergewande schrieb, die Tanzmusik der DDR sei international gewichtig, nicht nur in Berlin, in Warschau oder Moskau, sondern auch in London, in Paris und in New York. Die immanente Schmähung der erblühten Hauptstadt wie der Metropolen aus den Bruderländern hatte offenkundig niemanden gestört; vielleicht war sie sogar ein Extrawürstchen für die Chefansagerin des Deutschen Fernsehfunks, die sonst am ersten Feiertag alljährlich im Verein mit einem kleinen, dicken Ganter aus der Flimmertruhe guckte, bis die letzte Weihnachtsgans zum Böhlener Brikett geworden war. Die Unbedachtsamkeit war nicht die einzige, so mußte man im Folgenden zur Kenntnis nehmen, daß zum Beispiel Manfred Krug ein Großer im Chansongewerbe werden könnte, wenn Berlin doch näher an der Seine läge, wo der damalige Kommunarde Yves Montand das Singen hatte und noch jeder Dritte kommunistisch wählte. Und zu Hause sei es Krug sogar geglückt, das DEFA-Eis zu schmelzen, wer wollte bei so notorisch unverfrorener Formulierung noch vom Zensor glauben, der sei ein besonders aufmerksamer Zeitgenosse und stets auf der Hut gewesen. Datenschutz war überdies noch gänzlich unbekannt, man maß die Füße des Begabten – 46,5 – und machte öffentlich, daß ihm das Leben öfter ein Gedichte sei. Man kann sie nachlesen, und manche Zeitschrift sieht sich heute froh, sie seinerzeit gedruckt zu haben, aber 1976 und danach erwiesen sie sich als ein echtes Senkblei, und die frühen Nummern wurden Bibliothekstrophäen. Nur wenig später mußten selbst die Bücher von loyalen Belletristen, die das Leben realistisch zeigten, wie es war, und es so belle wie triste beschrieben, aus so manchem öffentlichen Bücherbord heraus – man hatte sie verfilmt und unbedacht die Hauptpartie mit Krug besetzt.

Wo mittlerweile niemand mehr in Schlangen steht, sind auch Oasen des Verschnaufens obsolet, und so betrachten wir den Umbau des bekannten Nationalitätenrestaurants »Bukarest« zu einem Steakhaus argentinischer Fasson wie ein Scharmützel auf den Falklands – absolut gelassen. Denn als routinierte Globetrotter des erlebnisgastronomischen Gewerbes wissen wir natürlich, daß das »Bukarest« in seinen guten Zeiten neben unserem »Café Warschau« und dem »Budapest« zum Dreigestirn der Volksdemokratien gehörte, welche uns in die Folklore ihrer Küchen lockten. Unser Telekoch aus Adlershof beherrschte Back- und Fernsehröhre gleichermaßen souverän und warb für die Lokale wie für sich und für den neuen Freundesbund: »Was man in sieben Ländern ißt, das schmeckt auch uns«, jonglierte er die Glückszahl über den illustren Klausen in der Hoffnung, diese drei seien nicht das letzte Wort des Internationalen Kulinariats. Und während er der Kamera noch treuherzig ins Angesicht zu widerstehen wußte und behauptete, man könne nun das Angerichtete sofort den überraschten Gästen »tischfertig servieren«, hörte man im Hintergrund den Deckel eines Eimers quietschen, abgelenkt noch von der Überlegung, woher wohl die Ingredienzen kamen, welche mit den Rezepturen eingeblendet waren. Sein Kollege von der anderen Seite wußte solche Pannen zu vermeiden, er behielt sich eine kleine Pufferzone vor und trug erst auf, nachdem die Spuren auch des letzten Schwenks vollständig aus der Welt beziehungsweise aus der Küche waren – er bat erst »Zu Tisch in zehn Minuten«. Überdies hatte der visionäre Kulinariker aus Mainz gerade die mit Hölderlin gefüllte Erdbeere kreiert, und während er die Mandel in die Öffnung einer seiner überreifen Früchte führte, sprach er zu den Zuschauern erloschenen Blicks: »Ein Gott ist der Mensch, der träumt. / Ein Bettler, wenn er nachdenkt.«

Damals galt der Nachbar, welcher hin und wieder auch ein Dichterwort zur Kenntnis nahm, fast noch genausoviel wie jener, der kulturvoll die Serviette auf die Bratenplatte knüllte; in dem Maße, wie es besser, immer besser wurde, lebten sich die Nachbarn auseinander, und die Jahre, als die Leute mancher Redewendung nach noch Bücher fraßen, blieb als Zeit des Mangels nicht in eben freundlicher Erinnerung. Das vielleicht letzte Zeichen der Gemeinsamkeit, ein Kultbuch aus dem Jahre 1954: »Was Männern so gut schmeckt«, natürlich aus dem Westen und selbstredend aus der Feder einer Frau. Vorbei war endgültig die Langeweile in den deutschen Töpfen, welsche Düfte zogen durch die Flure, nicht nur dänisch wie bei Hamlet oder ungarisch, was man noch habsburgisch erklären konnte, wurde jetzt gekocht, auch spanisch, italienisch und in mancher Küche sogar serbisch garte man mit deutscher Gründlichkeit. Für diplomatische Verwirrung sorgten Kochkompendien, die man weniger genau erwogen hatte und die Speiseöl ins Feuer gossen; denkbar bleibt es immerhin, daß Emigranten mit dem Buch »So kocht das Volk in der Ukraine« auch Düpierendes im Schilde führten, kaum daß sich das Riesenreich ein wenig lockerte. Eindeutig niederträchtig früher schon dagegen die »Boulette à la Bonn«, die in den Sudelküchen als Proviant für bundesdeutsche Wahlen anempfohlen wurde, denn schon vorher wisse man Bescheid, in beiden herrsche nur – Beschiß. Doch klar, »Damit ham Sie kein Glück in der Bundesrepublik«, den Eintritt in die Sechziger besang für Hypertoniker und Völlerer in Ost und West dann folgerichtig Heidi Brühl – »Wir wollen niemals auseinandergehn«, und jene Hymne aller Schwergewichtigen erinnerte noch einmal an die Atemnot der Wespentaille, die der Freßwelle zum Opfer fiel und niemals wiederkehrte. Aber hier wie auch in allen anderen Lebensdingen lag die Wahrheit wieder einmal in der Mitte, etwa so wie zwischen Twiggy und Marianne Sägebrecht.

Im »Bukarest« saß man dagegen nicht bei russischen und anderen Eiern; vielmehr lümmelte man in der Bauernstube original wallachischen Formates sehr gemütlich vor sich hin und ganz besonders auch um vieles weniger besorgt als etwa in der Wallachei der Wirklichkeit, wo man den Urlaub in Ermangelung anderer Abenteuer oft verbrachte und wo man sich sicher wähnen durfte unterm Schutz des letzten Dakers vom Karpatenstamm. Nur wenig höher hielt Rumäniens Kondukator, fälschlich oft als »Schaffner« aus dem schönen Wort »Konduktor« übersetzt, mit seiner Fluggesellschaft »Tarom« einen zweiten Posten, dessen Name eine Mischung aus Tarok und Omen nahelegt und so für eher schlechte Karten stehen mag, da er aus einleuchtender Muße wohl demnächst dem Gegner überlassen werden muß.

Zwischen irdischen Genüssen und Verhimmelungen Ceausescus liegt der alte »Ruhla«-Laden, und die Kinder strapazierten oft genug den Witz, die Uhren aus dem thüringischen

Neueröffnetes Café Warschau, 1953

Städtchen gingen nach wie vor und hätten allesamt zwei Steine, einen zum darauf- und einen zum darunterlegen. So fiel es auch feierlich gekleideten Beamten schwer, die Losung für den 1. Mai im Jahre 1955 tätig zu erfüllen: »Eisenbahner! Achtet die Minute!« hieß es da, doch das war leichthin angewiesen, schließlich gingen Ruhla-Uhren lieber mit der Zeit und wußten zu gefallen, hatte manche doch die Form und Größe einer gut gewachsenen Kartoffel; mittlerweile fühlt sie mancher wieder gern am Puls und zeigt auf diese Art zugleich den Trotz des Patrioten wie urbanen Chic. Im Jahre 1952 gab noch mancher Gold für Eisen, und die Zeitung präsentierte einen Zweiundachtzigjährigen, der seine Eheringe dem Berliner Baugeschehen zur Verfügung stellte.

Vergangenheit hat wieder Zukunft, doch ein Blick in den Salon der Easy Rider macht uns schmerzlich klar, daß wir nun niemals wieder den »Berliner Roller« oder auch das Kraftrad »Schwalbe« fahren werden und sich nie mehr ein betuchter Pferdeschwanz auf unseren Sozius schwingt. Wenn er es jemals wirklich tat, vermutlich ist auch das schon sehr verklärt, und diese Straße ist noch nie in einem Petticoat gegangen. Vielleicht ist aber eben dies ihr Faustpfand, nie zu einem Kudamm der Plebejer zu verkommen. Damals jedoch galt dem kleinen Mann das Moped als mobile Vorhut eines späteren Wagens, schon zwei Drittel aller Arbeiter und Angestellten waren glückliche Besitzer eines Zweirads, wußten hier die Medien zu berichten. An den Wochenenden sah man schon am Waldrand Motorradkolonnen und allmählich erste PKW-Verbände, welche Zeugnis davon gaben, wie die Arbeiter- und Bauernmacht mobiler wurde. Und im Westen trat ein weiteres Mal ein Gottesmann ins öffentliche Licht, um allzu Weltliches zu preisen; diesmal segnete der Stellvertreter Gottes selbst die Rollerfahrer dieser Erde und erklärte sie zu guten Schafen seiner Herde. Als das zweimillionste Zweirad eines weiblich abgerundeten Modells das Band verließ, da hob Pius XII. seine Hände segnend über diese Heilige und sprach von der »la vostra magnifica ›Vespa‹«, die er auch als »süße Hilfe« seiner Priester lobte, welche so selbst in entlegensten Regionen noch Versuchern und Verführern in ihr Handwerk fahren konnten.

Wir stehen mittlerweile wieder vor dem Stadttor, das uns östlich einläßt, praktisch endet nun die Gegengerade unseres Dakapos. Das wird hier vom »Haus des Sports« markiert, so hieß es beinahe vier Jahrzehnte, und es war im Namen wie in seiner äußeren Erscheinung ein Pendant zum »Haus des Kindes«, das wir zu Beginn besuchten und das hier geschwisterlich nun dessen Schicksal teilt – auch der Athletenturm ist jetzt ein Kaufcenter geworden und nicht länger Nachschubbase sportentschlossener Trimmdichs. Früher galt er als das Eldorado aller Camper; my tent is my castle – bicycle, bicycle – streetfighting man, hier konnte jeder noch sein Leben frei bestimmen und sich in Varianten wiegen: Leinwandvilla oder Eigenheim, Individualtouristik oder Massenurlaub, wie ihn billig die Gewerkschaft auf den Herrensitzen alter Krautjunker zu bieten hatte; Fahrrad oder ein Jahrzehnt des Wartens und des finanziellen Ruinierens für den vierräderigen Liebling; im forschen Turnschuhstep oder im Gleichschritt modischer Gebrauchsschuhe von derbem Charme, bei denen noch der Preis das Anziehendste war.

Schon damals galt das Fahrrad vielen als Alternative, im gesellschaftlichen Leben gut voranzukommen, allerdings nur bis das Auto endlich vor der Tür stand; als Entscheidung, die aus angestauter Wut getroffen wurde, machte es erst jüngst wieder Karriere. Bei den halbwüchsigen Rennradfahrern damals ging der Wettbewerb noch um die Art der Bremsvorrichtung; wer die alte Stangenbremse fuhr, war schon gesellschaftlich geächtet, denn die Felgenbremse hatte jeden Fuhrpark vor den Schulgebäuden längst erobert. Für die Kinder war der Umstieg von der einen auf die andere Bremse ein sozialer Aufstieg, der nur dem des PKW-Besitzers aus dem Westen zu vergleichen ist, der in den Fünfzigern den Sprung von der geteilten Frontscheibe zur ungeteilten seines Wagens schaffen mußte. Wer nun damals sogar zwei der noblen Backenzwingen für die Tempodrosselung nutzte und sich vor den Jugendfreundinnen im Leerlauf drehen konnte, war schon fast ein pubertärer Parvenü, dem allenfalls noch Täve glich. Der Amateurweltmeister auf dem Rade war Idol und Markenzeichen, als die DDR noch nicht dem Leistungssport die Zentren ihrer Städte opferte und als das Staatssäckel noch Ausgaben für beide vorsah. Jährlich traf man vor dem »Haus des Sports« die Rennradfahrer im Kriterium, die Friedensfahrt geriet zum Volksfest eines Alltags, der ansonsten eher ohne Attraktionen auszukommen hatte. Wenn das bunte Stoppelfeld der Amateure in die Straße wehte, wurde sie zum »Logenplatz« für jedermann, die Rennradfahrer und die Logengäste waren eines Sinnes: für den Frieden lohnte es, sich abzustrampeln. War ihr Ziel das neuerbaute Walter-Ulbricht-Stadion, fiel der Rundfunkkommentar in weidmännische Bilder und entwarf das große Rudel, welches sich ins Stadioninnere stürzte, das zum Schlachtfeld wurde und von Positionsgefechten der so friedfertigen Sportfreunde erbebte.

1950 hatte die Arena ihre Tore aufgemacht und allerhand zu bieten, die Tribüne aus Naturstein sowie hochmoderne Lautsprecher und nicht zuletzt kyrillische Willkommenstafeln für die Ehrengäste aus der ganzen Welt, nur eines hatte es ganz sicher nicht, ein königliches Fundament. Seit sich die Hauptstadt als Olympiaort bewarb, war es vorbei mit seinem Schattendasein im beschaulichen Ambiente der Berliner Mauer; früher mußten vor den sonntäglichen Fußballspielen Treiberhorden die Karnickel hinters Niemandsland verjagen, nun war es der auserkorene Standort der Olympiahalle, und man wollte die Arena schleifen. Doch die Diaspora der Olympiagegner fusionierte mit den Stadtschloßfreunden kurzerhand und startete zur Köpenickiade. Auf den Trümmern seiner späteren Sprengung sah der Freundeskreis des Königshauses das zuvor erbaute Stadion errichtet und verfügte einen Baustopp. Doch die Fortschrittsbremsen, namentlich für progressive Investoren, wurden Opfer eines Gegners in den eigenen Reihen, der zum Hörer griff und chronologisch wieder Klarheit schuf und der das Gold nicht sehen wird, das dieser Anruf wert war: denn noch war das Schloß nicht abgerissen, als das Stadion schon stand! So mancher mag das Tempo der Vereinigung an diesem Vorgang ganz besonders deutlich nachempfunden haben, das selbst den Historikern die Muße eines Blicks ins eigene Fach schon längst nicht mehr erübrigt. Doch zu Zeiten unseres Rennidols ging man getrost von malerischen Perspektiven aus, und selbst der Rektor der Berliner Kunsthochschule hatte Täve schon ins Bild genommen, auch zwei Bücher hatten unseren Sympathieträger aus Anhalt bereits durchmassiert; das erste hieß noch ganz bescheiden »Täve«, doch nach weiteren Siegen nannte man das zweite patriotischer schon »Unser Täve« und behauptete im Titel, daß es sich vom ersten unterscheide. So viel literarische Präsenz war selbst dem Mecklenburger Zigarilloraucher Uwe Johnson Grund zur Unruhe, der Jahre früher von der Ostseeküste auf die Insel West-Berlin getrieben war. Mißmutig griff er so zur Feder und verfertigte das dritte Buch, nicht über Täve, sondern über einen Strampelmann, der Achim hieß. Und das beschreibt die Schwierigkeiten eines Journalisten, einen Champion adäquat zu porträtieren, und die Redakteure aus den Rezensionsabteilungen bestätigten sie ihm sofort und warfen ihm die Irrtümer gleich bergeweise hinterher. Der realistischen Verwechselungen seiner wachsamen Kollegen aus den sechziger Jahren nicht genug, griff dreißig Jahre später abermals ein abgesessener Täveanwalt nach dem Thema und verfertigte ein viertes Buch, das gleichermaßen ins Panoptikum des DDR-Sports wie in das des hingegangenen Leselandes Eingang finden sollte. In der Bibliothek des Paradieses steht es sicher auf dem Index, schließlich ist es ein Gebot der Pietät, Autoren der Fasson von Uwe Johnson ungeschoren in Erinnerung zu halten.

Im Tordurchschreiten nunmehr schon trainiert, betreten wir die »GALERIE IM TURM«, wo wir uns übers künstlerisch gebotene Maß hinaus nicht künstlich und bemüht vertrödeln wollen. Vier Jahrzehnte war sie für die Laien der Umgebung ein Refugium, gut gemeinte Näherungen an die Kunst zu präsentieren. Sie gehörte zu den vielen rührend-rührigen Versuchen, den Orchestergraben zwischen Kunst und Volk zu überwinden, doch sowohl die Volks- und Zirkelkünstler als auch ihre proletarischen Sponsoren aus den umliegenden Großbetrieben sprangen meist zu kurz und fielen immer wieder in das schwarze Loch, das zwischen gut gemeint und gut gemacht in dunkler Tiefe unbarmherzig gähnt. Beim »Treffpunkt Wandbild« gab es freundschaftliche Mahnung für den Künstler, doch auch die Betrachter sahen sich vor die bohrenden Probleme eines realistischen Entwurfs gestellt und mußten ihrerseits die Frage zur Person beantworten, ob das Naturvorbild nur ganz genau zu konterfeien sei oder der Künstler sich auch Freiheiten in der Gestaltung leisten dürfe. Mancher der hier Porträtierten hätte sie ihm sicher gerne abgesprochen, doch zum guten Ende schließlich wurde doppelt das Mandat erteilt – die

Delegierung zu den Arbeiterfestspielen und der Vorschlag für den Kunstpreis der Gewerkschaft. Vielen Porträtisten glückte es dagegen selten, inneres Empfinden und gesellschaftliche Wahrheit malerisch verbunden vorzustellen, Landschaften erwiesen sich als weniger verfänglich für so manchen, lagerten idyllisch grün im Vordergrund der pittoresken Flächen, hinter ihnen Schlote mit schneeweißen Kräuselfähnchen, ja, es war, als hätt' des Himmels Blau die Erde still geküßt, und in der Mitte lag ihr beider Kind – der Neue Mensch. Doch oft genug geschah auch Umgekehrtes, wenn das Werk nach vorne drängte und die prima Gegend in den Fond geriet, noch allenfalls erahnbar in den Herden ihrer Schäfchenwolken. Mancher Unmut kumulierte mit den Jahren heftiger, und wenn auch später hin und wieder in den Achtzigern ein Underdog der »Szene« seine kleine Personalausstellung hier eröffnen durfte, hat sie sich doch nie zum Tribunal gemausert, wenn man sie auch noch so oft als schillernde bezeichnete. So kam die Assoziation von Galerie im Turm und Elfenbein hier niemals auf und wohl zu ihrem Glück auch keinem der Verwalter ein. Zu dicht auch lagen Kunst und Leben oft beisammen, und nur wenige, die heut den Bastlerladen nebenan betreten, können wissen, daß vor den Beschaffungsdramen vieler Werkzeuge im Sozialismus die Beschreibung aller Kunst versagte. Auf nicht einem Spielplan fand sich all die Jahre ein Theaterstück, das mutig sich dem Thema »Unser Leben ist ein Hammer« hätte stellen wollen; die Autoren, die die Welt bedeuteten, was wußten sie von Brettern. »Ich bin Bergmann, wer ist mehr?« frohlockten allenfalls die Wismutkumpel, die an Hacken, Spaten oder schweren Eisen keinen Mangel kannten, schließlich machten sie mit ihrem Untertagewerk die Schulden des vergangenen Krieges wett. Und Walter Ulbricht konnte später auch nicht mehr so schwungvoll reimen, etwa

»Jedem Mann in jeder Kammer
jährlich seinen neuen Hammer«,

der war längst schon abgesägt. Man darf vermuten, daß es von dem Werkzeug für zu dicke Äste noch bis in die letzten Tage eine stille Staatsreserve gab, aber die allerletzten abgestumpften Exemplare konnten gerade noch das Stuhlbein des schon wanken Staatschefs attackieren, dann entglitt das letzte Heft der kollektiven Führungshand. Im besseren Jahre 1959 aber feierte die DDR ihr zehntes Jubiläum, und sie deckte ihre Kindertafel endlich mit dem langersehnten eigenen Fahnentuch. Und das besaß in seinem Zentrum jenes mutige Emblem, in dessen Mitte wiederum der stolze Hammer prangte.

»Schön ist das Wappen unseres Lands:
Hammer, Zirkel, Ährenkranz.
Einen Hammer hab ich, der ist klein,
doch er schlägt auch größere Nägel ein.
Einen Hammer braucht man überall,
wo man fleißig ist auf dem Erdenball.«

Doch als er drei Jahrzehnte später fiel, zerfranste auch der mürbe Ährenkranz, und selbst der ungespitzte Zirkel wurde vollends stumpf, der stets das Land als runde Sache zeigte, bis es wirklich eingekreist wie kapitulationsreif war und überlief.

Doch auch die Wirtschaftswunderrepublik saß nicht am ungedeckten Tisch zu ihrem zehnten Namenstag, sie schenkte sich nun endlich einen neuen Präsidenten, Heinrich Lübke, einen Rhetor vom Format antiker Sitzenbleiber. Hierzulande hieß er in den Medien kurz und schmerzhaft nur »KZ-Baumeister«, denn er hatte manche Lagerskizze unachtsam mit seiner Unterschrift versehen, und zu allem Unglück wirkte offen- wie auch aktenkundig das geschriebene Wort bei ihm um vieles klarer.

Wir sitzen nun bereits im Café »Kosmos«, wo wir nicht nur auf den Grund der Tasse sehen, die laut Speisekarte einem derben Mokka Wohnung gibt; vor allem ist ein Wandbild zu betrachten, das im ohnehin geschützten Haus des Straßenzuges selbst noch einmal unter Denkmalschutz zu stehen kam. Dem Volk verbunden und sympathisch schauen Berliner Originale auf die Nachgeborenen mit den übervollen Kuchentellern, niemand ahnt den Nationalpreis und die Professur, die Schöpfern solcher Werke winken konnten.

Nebenan befindet sich das Kino »Kosmos«, dessen kulinarischer Appendix unser gleichnamiges Café ist. Es war das erste Großkino von Ostberlin und über alle Maßen stolz auf den Komfort, der neben dem »mit perforiertem gelben Kunststoff ausgeschlagenen Vorführsaal« für 1000 Leute einen Gong zu bieten hatte und Beleuchtungskörper, die »allmählich dunkler wurden«, wenn bei Filmbeginn die Vorhänge zur Seite fuhren, wahre Wunderwerke der Chemie, die durch die wenig märchenhaften Streifen auf der Leinwand nur noch schöner im Gedächtnis blieben. Vor dem Hauptfilm gähnte man beim »Augenzeugen« wie bei jeder anderen Wochenschau, die Chroniken der jeweils sieben letzten Schöpfungstage wurden später erst zu Klassikern erhoben und zu Kultprodukten eingefleischter Cineasten. Selbstverständlich war ihr Name irreführend, denn der »Augenzeuge« wurde nie zum Spanner an der Wirklichkeit, auch wenn er forderte: »Sie sehen selbst. Sie hören selbst. Urteilen Sie selbst.« Er zeugte von gesellschaftlichen Höhepunkten, welche auch das »Kosmos« hin und wieder miterlebte, allerdings nicht immer aus der Vorführperspektive. Wenn zum Beispiel bei den Manifestationen, ob sie nun den Ersten Mai oder den ersten Kosmonauten feierten, bereits auf seiner Höhe erste Lücken die geschlossene Begeisterung zerteilten, sprangen aus dem Kino scharenweise gutfrisierte Jubelperser, die mit hudlerischen Sprüchen und Plakaten die verlorengegangene Einheit wiederherzustellen wußten. Irgendwann verschwanden sie dann wieder rechterhand und hasteten zum Ausgangspunkt zurück – wir hatten das Prinzip bereits am oberen Ort –, um mit Gesichtern wie beim ersten Mal sich neuerlich in den so anfälligen Zug zu mischen. »Kosmos« schrieb man daher auch stets unamerikanisch nur

Wohnensemble Auer-, Löwestraße, Entwurf, 1953

mit »K«, doch auch noch heute sieht man keine Lovestory aus Übersee gemütlicher als hier in diesem Musentempel. Hinter unserem Kino übrigens befindet sich ein Wohnkomplex des Hinterlandes; in der Löwe-Auer Straße plante man noch anfangs einen Bau, der stark an Wiens Karl-Marx-Hof zu erinnern schien. Die große Feste der Moderne, die schon in den Zwanzigern den inneren Zusammenschluß genauso wie den Schutz vor künftigen Attacken gegen ihre altmodischen Widersacher in der Anlage zu demonstrieren schien, hat selbst Figuren Anna Seghers' eine literarische Kulisse aufgebaut, doch hier blieb es im Wortsinn ein zurückgenommener Entwurf: er rückte in die zweite Reihe und beschränkte sich auf einen Bruchteil seiner ursprünglichen Dimension.

Doch wenn aus unserem Kino junge Paare strömen, furchen andere Gedanken unsere Stirn; so hält sich das Geschäft mit Brautkleid, Schwalbenschwanz und anderem Aufputz nebenan trotz aller Leinwandhappyends in Grenzen, seit sie offen sind; verliebter Wagemut und die Bereitschaft, jemandem zu trauen, sind perdu, seitdem sich Deutschland wiederfand, doch früher sah man Paare hier in Hülle und in Tülle. Aber da man schon seit Jahren Hüte nur auf den Tribünen sah, trägt heute noch viel seltener ein Bräutigam hier am Zylinder, denn die Schwellenangst ist groß geworden wie die Furcht, dem Scheidungsanwalt später das Gesparte zu vermachen. Eine Hochzeit für die Ausstatter sieht vorerst niemand, und die großen Tanzlokale, wo noch mit »Bon soir, bon soir« so manches nette Ehepaar zum Tisch geleitet wurde, sind den unbewegten Völlerern gewichen.

Wenig höher wußte in den Fünfzigern der Lebensmittelladen seine Kundschaft noch mit Waren zu verführen, die den Heutigen zum Teil wie Nachrichten aus einer fernen Welt erscheinen müssen, wirklichen Erfindungen, die ganz allmählich aus der Wirklichkeit verschwanden, als man zunehmend von Kreationen sprach. Der volkseigene Einzelhandel damals aber sah sich noch als Seismograph des Wohlstands, der die leisesten Erschütterungen sorgsam registrierte, um Versorgungsbeben schon im Anzug zu erkennen. Schließlich sah zumindestens der Plan so ziemlich alles von der Südfrucht bis zum frischen Fisch aus hohem Norden vor, und keine Wirklichkeit sollte ihn Lügen strafen. Wenn auch die Beschaffung solcher schönen Dinge später vielen eher Hitze und so manchen Bückling nötig machte, für die Poesie war er bereits erfüllt, und Jurij Brĕzan dankte ihm am Ende des Jahrzehntes mit einem gut gebauten Pfefferkuchenhaus: »Er nahm mir den Morgen-Mehlsuppenteller vom Tisch ... Und entschädigte mich mit knusprigen Brötchen ... Er machte die Kohlroulade zur echten ... Und Heringssalat aus wirklichem Hering«.

Echt – das war viel mehr als nur ein angemaßtes Attribut; es wollte demonstrieren, daß die Zeiten ausgestanden waren, als so viele Dinge noch zusammengesetzte Namen trugen. Meistens endeten die klangvollen Komposita mit dem ernüchternden Begriff »Ersatz«, zugleich verwiesen sie auf solche Art jedoch von Anbeginn und voller Hoffnung auf das Provisorische, mithin Vorübergehende der ungeliebten Improvisationen. Der historische Spagat, mit dem man jene Kluft, die zwischen »Vorkriegsqualität« der dreißiger und Plasteunverwüstlichkeit der fünfziger Jahre gähnend offen lag, zu überspannen dachte – er hieß »echt«. Es mag auch echte Kontinuität im Spiel gewesen sein, daß vor der Kluft der zwei Jahrzehnte schon die Ära IG Farben allem Volke wahre Wunder offerieren wollte und daß nach ihr nun die Plaste und Elaste aus der Schkopauer Region das neue Glück verheißen würden.

Für die Jahre bis dahin versprach der echte Kautabak zum Beispiel eine echte durststillende Wirkung, falls man ihn korrekt im Mund zergehen ließ, statt ihn wie ein dahergelaufener Stümper zu zerbeißen. Gute Butter hielt die echten Weihnachtsstollen ebenso zusammen wie die echten Jubiläumskekse, Pralinés in ihren Pappetuis waren vollgestopft mit echter Kokosbutter, und ein Beipackzettel schrieb beruhigende Zeilen, einen grauen Film betreffend, der sich manchmal auf das Naschwerk legte, er bezeuge nur, daß der Gehalt an echter Kokosbutter stimme. Irgendwann gelangte so ein Kästchen aus der Glasvitrine jeder Kneipe stets auch in den Schoß der echt verstimmten Ehefrau, wenn sich der gutorganisierte Gatte wieder einmal echt verspätete, zum Beispiel von geladenen Debatten, wo mit echten Argumenten in der Art von Kokosbutterbeipackzetteln auf den Gegner eingehauen wurde – überall ging es in eben jenem Maße echter zu, je weniger die Echtheit nachzuweisen war. Und umgekehrt gab es die wirklich echte Schlagsahne noch bis zum Ende des Jahrzehntes zwar nur auf Marken, doch erinnerte sich in den frühen Sechzigern schon sicher niemand mehr daran, wenn er die echte kondensierte Vollmilch in den echten Bohnenkaffee goß, der aus der linken unteren Ecke des geprüften Westpaketes stammte. Schlagsahnegefüllte »Windbeutel« erregten Schwindel nur bei dem Gedanken, ob sie sonntags wieder auf der Kaffeetafel residieren würden; daß die Sahne frei zu kaufen war, hieß schließlich lang noch nicht, daß man sie sich schon jedes Wochenende leisten konnte, doch auch individuell hantierten viele mit dem volkswirtschaftlich sanktionierten Trick, indem sie sonntags ihre

Gäste überholten, ohne sie schon werktags eingeholt zu haben – und die Sahne rahmte jede sonntägliche Vesper.

Als es 1962 zu prekären Mängeln in der Butter-, Fleisch- und Wurstversorgung kam, erschien der Geist der Lebensmittelmarke wieder, er hieß »Kundenkarte« und ermöglichte durch strenge Zählverfahren eine indirekte Rationierung. Doch auch skeptische Naturen aus den Sechzigern waren überrascht, daß es noch einmal selbst im Kulinarischen ans Eingemachte ging; man sprach zwar in den Siebzigern nicht wieder offen vom »Ersatz«, doch bot man hier und da schon freundliche Alternativen, falls das Echte wieder seltener würde – vorerst wurde es nur teurer. Zwar waren lange auch die Brieftaschen noch echt, sie steckten nach wie vor in echten Kammgarnjacken, und beim Kauf lag ihnen jener schon erwähnte Zettel bei, demnach die Fehler ihrer Oberflächen nur die Echtheit ihres Leders unterstrichen; in der Kunst der wohlgeformten Nullaussage mußte sich indes inzwischen auch der Handel wieder stärker üben. Überdies ließ er den Worten Taten folgen und erfand die Ladenkette »Exquisit«, gewissermaßen volkseigene Boutiquen mit speziell geschultem Personal, das man in die Geschäfte delegierte, und mit eigenen Fabriken, die ausschließlich jene exklusiven Sortimente produzierten. Später gaben die das Vorbild für die »Delikat«- und »Intershop«-Geschäfte ab, in denen man schon wie in einer Peep-Show einen Blick durchs Loch der Mauer werfen konnte, selbstverständlich gegen angemessene Bezahlung.

Eine zweite Drogerie aus jener Zeit, als sich zumindest dem Slogan nach noch Brot, Wohlstand und Schönheit der Chemie verdankten, läßt uns innehalten. Kühle Köpfe kamen damals noch von »Russisch Kölnisch Wasser«, und ein Bad in »Fichtensekt«, das der Alleinhersteller Erlemann unter die Leute brachte, war schon fast so dekadent wie das Geplansche in Champagner, das die Filmschauspieler aus Amerika angeblich jeden Morgen unternahmen. Wem indes die äußerliche Anwendung nur unzureichend Linderung verhieß, bemühte zusätzlich den herben Saft nervöser Pinien, der als »Nervbranntwein Nervpin« für Rumor sorgte und sich großer Nachfrage erfreuen konnte. Zugegebenermaßen war das Leben hier noch längst kein Puderzucker und der Glanz der Augen eher selten, doch den Glanz der Nasen konnte man schon damals unaufwendig mittels einer Pudercreme beseitigen, die für nur eine Mark den jugendfrischen Teint herbeizustumpfen wußte. »Barberine« hieß ein Tonikum für schöne Beine, und der Name suggerierte Ballerinen mit barbarisch elegantem Schritt. Und wenn man dann noch eine Rheinsberger Zitronen- oder Pfefferminzpastille unterm Gaumen schmolz, von der die Werbung sagte, sie sei wie ein kleiner Urlaub, wußte auch der Unzufriedenste, was hierzulande frische Ferien waren. Es genügte, sich die engere Heimat zu erschließen, denn die Tummelplätze jener alten Schicht von Parasiten waren mittlerweile längst mondäne Ferienhäuser. »Unsere Heime müssen Kraftquellen für unsere Urlauber sein! Macht aus jedem Heim eine Festung des Friedens, ein Haus der Freundschaft und ein Heim der kulturellen Betreuung!« Klar, daß man in diesen Paradiesen nicht in jedem Jahre unterkam, doch auch für diesen Fall war guter Rat unter Gewerkschaftern hier leicht zu haben. War die Fremde selber ausgebucht, so holte man sich Ferne einfach in sein Haus, zum Beispiel Kinder streikender Metallarbeiter aus dem Bayernfreistaat, die man sich für vierzehn Tage und zum Abholpreis vom hiesigen Gewerkschaftsbund vermitteln lassen konnte. 1954 traten für die Illustriertenfotos Lederhosenseppen auf den solidarischen Balkon der Gastgeberfamilie, um mit berggewohntem Blick in den verregneten August der menschenleeren Straße einzutauchen; bleibt im nachhinein zu hoffen, daß auch sie zumindest eine Pfefferminzpastille auf der Zunge trugen, deren urlaubsreife Wirkung uns erst kürzlich staunen machte. Folgerichtig schützte auch die Pflegecreme »Mont Blanc« vor Sonnenbrand und übertriebenem Fernweh gleichermaßen, wem die Berge und die Heime aber nichts bedeuteten, der träumte sich nach Afrika und glipschte mit der Seife »Elfenbein« am fahlen Bauch entlang. Exotisch klang fast alles, Männer schützte vor Geheimratsecken beispielsweise »Exlepäng«, ein Pflegesatz, der schon im Namen tausendjahrealte Wunderkräfte aus dem Reich der Mitte in das Neue Leben importiert zu haben schien, denn war auch überall die lichte Zukunft angezeigt, auf ihrem Scheitel sollte man sie nie erblicken. Die Frauen vor den Männern wiederum beschützte »Mondos«-Gummischutz vom VEB Plastina, der sich weltumspannend titulierte, aber Eingeweihte wissen, es war nur die kleine Welt, die er umspannte. Schon sehr früh hingegen hatte August Bebel prononciert erklärt: »Die neue Gesellschaft will nicht proletarisch leben, sie verlangt, als ein hochentwickeltes Kulturvolk zu leben, und zwar in allen ihren Gliedern, vom ersten bis zum letzten.« In den Qualitätsrubriken Luxus, Gold und Silber wahrten nun die angerufenen Glieder hier die Emanzipation der Arbeitswelt, doch die Familienplanung war niemals ein Monopol nur des Verhüterlis; auch »Chlorodont«, die Zahncreme ohne Zusatz und Geschmack, verkündete in ihrer Werbung: »Es darf kein Kind mehr geben ohne regelmäßige Zahnpflege.« Hygienisch sollten die Verhältnisse gestaltet sein, noch heute schließlich gilt die Zeit für muffig und als schlecht durchlüftet. Selten wohl hat etwa eine homogene Waschmittelpalette so viel Vielfalt vorgeschützt, denn ganz egal ob Wolle oder Seide, »Fewa« jedenfalls beherrschte beide. Und »Millionenfach erprobt / wird Fewa überall gelobt! / Nicht bei Seide nur und Wolle / spielt es eine wicht'ge Rolle, / nein, man kann in tausend Fällen / Fewa für den Haushalt wählen ...« Fewa stand für Feinwasch, doch schon 1949 läutete das Silbenwort den strahlend hellen Morgen ein und stand zugleich für sehr viel mehr, wenn man in Chemnitz las: »Gebannt sind die Sorgen der letzten Jahre, denn jetzt gibt's wieder Fewa, und erweckt zu neuem Leben und Wirken ist auch Johanna, die Schaumgeborene ...« Johanna gab es früher schon einmal, sie war als

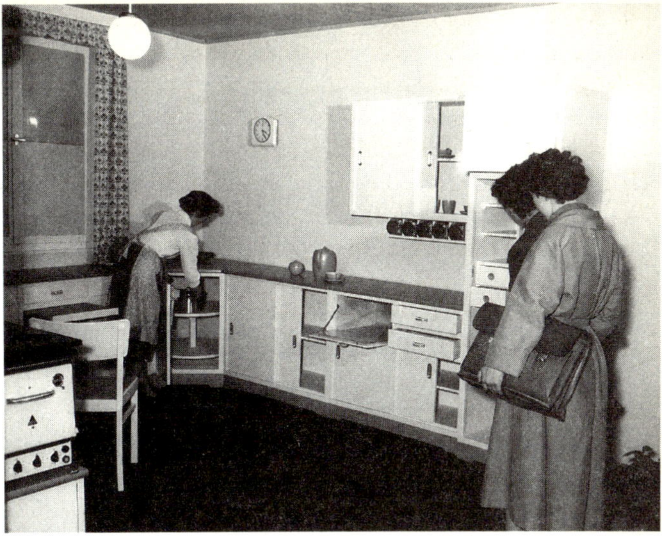

Kücheneinrichtung, 1956
»Eine neuentwickelte Anbauküche mit ½- und 1m-Anbauteilen, von denen jedes Teil auch einzeln gestellt werden kann. Hinten links: ein eingebautes Topfkarussell.«

einzige aus der Geschichte sauber ’rausgekommen und pries ihr Vermögen auf der Vorderseite deutsch und auf der Rückseite der Packung in der Sprache der Befreier. Andere Werbeträger standen wirtschaftlich auf schwachem Fuß beziehungsweise auf dem alliierten Index; letzteres ließ sich beheben, wenn die Vorbilder nur unaufdringlich nachempfunden waren und die Kinder der »Familie Schneeweiß« aus den dreißiger Jahren von Persil zum Beispiel als »Wittol-Familie« in den fünfziger Jahren einen eigenen Messestand benötigten. Ihr »Emulwachs« für alle Fußbodenbeläge lag im gut sortierten Angebot der Drogerievitrine friedlich neben »Biox Ultra«, einem Zaubermittel gegen Zahnbelag, denn schließlich war für alle noch so unterschiedlichen Beläge klar, sie wollten keimfrei sein. Und auch der Hausfrau Lachen konnte wieder blitzen, sie war das Geschirrpolieren los, denn

»Skat spielt jetzt die Mutter mit,
das Abtrocknen erledigt FIT«,

das stärker schäumte als die Elbe, die die Reste dieses Wunders unbemerkt nach Norden schwemmte. In den fünfziger Jahren zeltete man noch an ihren Ufern, wer sich aber später in die Strömung wagte, fühlte sich im Fluß der Jahre schon mit »Glätt-Frisiercreme« imprägniert anstatt vom Bad erfrischt.

Die Drogerie grenzt an das hiesige Philatelistenparadies. Die Inflationsmetapher von der DDR als »abgeschlossenem Sammlerzeitraum« ist inzwischen fast noch mehr verhunzt als der reale Wert, den die gezackten Kleinkunstwerke hatten. Für die vollständigen Editionen aus den vier Jahrzehnten DDR, darunter immerhin die Freimarken- und Dauerserie Walter Ulbricht, die von 1961 noch bis 1990 galt, oder auch jene Sondermarken, welche man zum VIII. SED-Parteitag emittierte: vorsichtig begann man mit der Startauflage von nur sieben Millionen Stück und mußte schließlich zwei Milliarden drucken, bis die sprichwörtliche Sammlerwut allmählich matter wurde, sozusagen eine Schadstoff-Emission, wie sie selbst Bitterfeld nicht kannte, jene Stadt, die einen volkseigenen Schatz im »Silbersee« verwahrte, einem Tümpel, der die Hauptlast ihrer Abwässer beherbergte. Doch auch die Sondermarken machten auf die Sammler selten Eindruck, schließlich konnte nicht in jedem Jahr der erste Deutsche in den Himmel stürmen oder die erblühte Hauptstadt auf ein Dreivierteljahrtausend Rückschau halten. Auch im Westen jagten sich nicht gerade die Gelegenheiten, manche reichte nur für einen Sonderstempel, etwa zehn Millionen Zuschauer, die seinerzeit das »Schwarzwaldmädel« sahen, waren der Bundespost die Ehrung wert, die fünf Millionen Toten in Korea brachten es hingegen hier wie da nicht zur postalischen Verewigung. Ein Schöpfer vieler Marken hierzulande war ein Mann des Namens Grünewald, und

Neueröffnetes Café Warschau, 1953

»1. Mai – Kampftag der Werktätigen für Frieden, Einheit, Demokratie und Sozialismus. U.B.z.: Viele Besucher besuchten das HO Café ›Warschau‹. Blick auf das Kuchenbüffet.«

dem Betrachter scheint, daß er Altarbildmalerei und Heiligenverehrung nicht nur zufällig erinnert. Man kann alle diese Schätze für gerade mal fünftausend Mark erwerben, da bricht jeder Patriot noch einmal schwer gekränkt ins Knie.

Wo wird nun heute dem Enttäuschten Linderung in seiner Not – der schon erwähnte Restaurantimport aus Polen ist im Umbau, unser »Café Warschau« muß zum »Brauhaus« werden mit lokalem Kolorit. Das freilich ist nur konsequent, denn in den Jahren, als die DDR bereits ein spätes Mädchen war, probierten einige hier schon den kollektiven Ausstieg, namentlich am 1. Mai. Im Biergarten des Kaffeehauses endete für ganze Gruppen individuell und also vor der Zeit statt der Tribüne jene feierliche Andacht, die dem Landesgroßvater die Huldigungen seiner Kinder vor die Brüstung flunkern sollte. Hopfenselig lauschten die indes bereits den Combos, die nicht selten Namen wie »Tornados« oder »Sorgenbrecher« trugen und Musik servierten, die nicht weniger zerstörerisch und krachend klang. Verdiente Pausen überspielte der Record player »Granat« mit adäquatem Wohllaut, doch die frühen Jahre kannten solche Aushilfsrunden nicht, vielleicht auch deshalb schrieb man Combo in den Fünfzigern bereits mit »C«.

Da war der demonstrierte Undank noch undenkbar, und es ging erst sauber durch den Zielstrich hinter der Tribüne und hernach mit seiner Hausgemeinschaft auf den Dachgarten, der attikenumsäumt dem ausgelassenen Fest die würdige Kulisse gab. Zwar fanden alle wesentlichen Dinge hier erst später und mit dem schon angezeigten Zeitverzug so manchen Jahres zu den Bürgern, viele Stunden früher aber fanden sich die Menschen ihrerseits zur Polonaise, wenn mit Siebenmeilenschritten einschlägige Feste vom Beginn bis hin zum kräuterbitteren Finale froh durchmessen wurden, die im Westen gänzlich unbekannt und folglich seinen Bürgern vorenthalten waren. Während aus den Lautsprechern noch Warschaus Maurern ganze Liederstrophen nachgesungen wurden und am Restauranteingang Plakate ernst behaupteten,

»Die Bonner Clique ist ergrimmt,
weil unsere Kompaßrichtzahl stimmt!«,

war unbemerkt im »Warschau« schon in jenen Jahren Polens Avantgarde zu sehen, selbstverständlich ohne den am Eingang unserer Wanderung erwähnten Kardinalsverteufler, doch die Filmplakate etwa, die in aller Welt Furore machten, konnten hier die Gäste niemals irritieren. Offenbar verirrte sich auch selten nur ein polyglotter Musenfreund hierher, so blieb der epochale Lapsus einfach unbemerkt, der eine jener Ausstellungen zierte: Kommunismus, das ist Sowjetmacht plus Elektrifizierung, wußte früh schon jedes Kind zu repetieren, doch im »Warschau« gab man Polen längst noch nicht verloren, und

Dachgarten eines Wohnhauses, 1954

die Kommission aus Freundesland schrieb voller Tücke: Kommunismus, das ist sowjetische Macht plus Elektrifizierung. Aber niemand nahm die Übertragung krumm, vielmehr ließ man sie leis geschehen und so die Räte gern und stille gehen, die doch nach allem Wissen der Geschichte stets nur Wirrsal in die Reihen trugen statt sie auszurichten.

Die schon damals harte Gastronomenkonkurrenz des »Hauses Budapest«, das wohl als Herzstück im Triumvirat aus Freundesland zu gelten hatte, machte immerhin dem Personal des »Café Warschau« hin und wieder Kopfzerbrechen; ganz besonders sein »Mathiaskeller« war für Gäste wie für Gastronomen fast schon etwas wie ein Sündenbabel und sah daher manchen hier bei Tische, der sich nicht nur für die kalkulierten Speisen, sondern auch für ungleich schwerer kalkulierbare Verhältnisse verantwortlich empfand. Denn das Gemisch aus Teufelssauce und aus Teufelsgeigern, das rund drei Jahrzehnte vorher von der Donau an die Spree gekommen war, schien jenen Wechsel schon vorwegzunehmen, den die Schlemmer zwischen Fichtelberg und Kap Arkona 1989 massenhaft und umgekehrt in Angriff nahmen. Der Besuch der noblen Souterraingewölbe blieb besonderen Gelegenheiten vorbehalten, auch besonders zwielichtigen, denn schon damals waren hier natürlich auch die Preise freier, wie das meiste andere im Land des Gulaschkommunismus auch. Hier dachte man durchaus nicht mehr so oft an Piroschka und Lilo Pulvers Einfachheit, hierher lud man den Westbesuch, so daß es dann auch niemanden zu sehr verwunderte, wenn in der Speisekarte folgerichtig nachzulesen war: »Besuchen Sie auch unsere anderen Mathiaskeller«, nämlich die in München, Wien und selbstverständlich auch in Prag. Der Lieblingswitz im »Budapest« war dafür harmlos, was man nicht von vielen sagen konnte, die das Volk erheiterten, und handelte von einem tränentrüben Gast, der auf die Frage eines der fidelen Musiker, ob er auch Ungar sei, nur traurig zu erwidern wußte, nein, er sei bloß Musiker. Vielleicht auch deshalb hat nur diese feine Gruft als einzige den Sprung aus ihrem trüben Schnapsmilieu geschafft, unser Mathiaskeller wurde radikalsaniert – er dient jetzt einer großen Bank als stattlicher Tresorraum.

Wirkliche Bastionen, über die noch ein gemütliches Palaver oder mittelschweres Räsonieren lohnte, sind von nun an bis zu unserem »Eingangstore« nicht mehr auszumachen, denn auf dieser Seite ist das »Budapest« der letzte Platzhalter der ehemals so groß entworfenen Kollektivgelage. Deshalb stehlen wir uns wie die meisten nun aus unserer ausgetretenen Bummelgegend, und die Schuhmodelle, wie sie Stiller oder Leiser in den Fenstern präsentieren, bieten nebenan genau den Trageluxus, den die Duckmäuser und vielgeschmähten Leisetreter dafür in dem Schuhimperium suchen. Früher gingen sie auf zentimeterhohen Sohlen ihrem dunklen Tagewerke nach und fanden auf gekrepptem Grund zu unverhoffter Größe; Grund genug auch, daß die Damen sich besinnen mußten und mit falschem Dutt daherspazierten, eine niemals wahrgenom-

Tag des Rundfunks, 1957

»Der 16. 6. 1957 stand vollkommen im Zeichen des Tages des Rundfunks. Auf 9 Bühnen und einem Laufsteg spielte sich von früh bis in den Abend ein ausgewähltes, buntes Programm ab. U. B. z.: Hin und her wogte die Menschenmenge.«

mene Eskapade früher Frauenrechtlerinnen, die die Männerwelten auf die Füße stellten und auf ihre Art darauf verwiesen, daß die Herren der Schöpfung den Kothurn im Kopfe trügen. Als die ausgetretene Mode noch aus Großbetrieben kam, die hier als »Roter Stern«, »Banner des Friedens« oder »Patriot« inzwischen einen Namen hatten, da schien Westdeutschland schon vielen eher schwierig einzuholen und zu überholen, allenfalls noch barfuß. Erst den Enkelinnen blieb es vorbehalten, mit dem Trümmerfrauen-Look das Unmögliche noch einmal zu wagen und, wenn auch nicht Westdeutschland, doch wenigstens den Zeitgeschmack zu überholen, wenn nicht sogar generalzuüberholen. Hochgesteckte Ziele deuteten die auftoupierten Rita Hayworths an, wenn sie mit aufgerollten Socken über nackten Fesseln durch die winterliche Straße stakten, nur von einem zweireihigen Herrenjackett und dem fahlen, abgetragenen Seidentuch geschützt, da fehlten nur noch Schuhe aus Igelitt, igitt, und auch dem letzten elterlichen Stutzer wurde langsam klar, er sei nicht länger zu ertragen und schon gar nicht aufzutragen, und er würde demnächst selber eingemottet. Niemand mochte ihnen das verdenken nach den Jahren dottergelben Knautschlacks und der Klobeschuhe, nach den maskulinen Helmfrisuren mit Koteletten und taillierten Hemden, deren Riesenkragen all die Stoffreste der Minimode fassen mußten, welche nicht mehr in den Schlägen ausgestellter Hosen unterkamen.

Stiller Glanz erhellt auch nachbarlich den Lampenladen, man entdeckt die frühen Sechziger und deren wohlgeformte Biegsamkeit, wenngleich die Tütenlampenschirme jetzt in Edelstahl und längst nicht mehr in wunderbare Plastemäntel oder Ölpapier gehüllt sind, die bei vierzig Watt stets weihnachtlich zu schmoren anfingen. Von anderen Versuchen, Lampenmöbel zu entwerfen, war schon in den Siebzigern der letzte Schleiflack ab und ein Licht nach dem anderen ausgegangen.

Jetzt liegt vor uns noch einmal das so bizarre Loch unserer

Alleegeschichte, jene feiermüde und dafür geschleifte »Deutsche Sporthalle«; wir überspringen es von seinem anderen Rand, um uns dem Eingangstor vom Anfang unserer Wanderung zu nähern. Schnell noch einen Blick ins Eldorado aller weinseligen Tabakfreunde,

»Erst besinn's,
dann beginn's«,

lud ein Plakat gemäßigt zum Verkosten edler Rebensäfte, schlechte Hopfenernten zwangen auch im Trinkverhalten saisonale Kultiviertheit auf. »Trinke nicht wahllos – greife zum Weine«, ging die kulinarische Belehrung fort und lobte ganz besonders die Karaffen aus den Bruderländern, mancher der gestandenen Bierverbraucher fühlte sich mit Recht brüskiert und brachte Parodien in Umlauf, die dem Handel schweren Schaden und der Freundschaft einen schlechten Dienst erwiesen, wenn sie vor dem Trunke aus Bulgarien mit makaberem Hohne warnten: »Töte nicht wahllos – greife zum Gamza.«

Kaum nachsichtiger verfuhren die Raucher mit der Zigarettenindustrie, wenn sie die Favoriten ihrer Marken lobten:

»Siehst du die Gräber
dort im Tal,
das sind die Raucher
von Real«,

zum Glück kam die Palette farbiger daher, das Lungenbrötchen »Salem« gab es gleich in gelber, blauer und in selbstverständlich roter Packung, »Karo« gab es im Pepitalook, und »Jubilar« verschwieg den Namen des Geburtstagskindes, dem sie sich verdankte, doch im hiesigen »Casino« endete das preiswerte »Carré«, und das Terrain gehobener Ansprüche begann mit einem wirklichen »Juwel«. Noch heute greifen viele zu »F6«, zu »Cabinett« und »Club«, auch ihnen drohte fast, in Rauch und blassem Dunst sich aufzulösen wie vor vielen Jahren der »Convent«, die jakobinisch eingepackte Lulle fand für ihren Preis nicht zwischen demokratisch ungeübte Lippen, die nur selten Dampf abließen. »Sprachlos« machte denn auch die berühmteste Zigarre, doch die Stillnaturen zündeten sie so lange am falschen Ende an, bis jene trügerische Ruhe schließlich aus dem Schleuderascher fuhr.

Die vorletzte historische Adresse auf dem Strausberger Rondell ist »Esda«, der berühmte Feinstrumpfladen, denn hier machte man Geschichte, namentlich und in besonderem Maße die der werktätigen Frau. »Nahtlose Trümpfe« sorgten seinerzeit im Kabarett für Frohsinn, doch im Alltag wechselte nur allzu willkürlich die Mode zwischen Strümpfen mit und ohne Naht, und unwägbar blieb oft, ob man gerade jetzt den Nahtlosen mit einer schwarzen Schummellinie auf die Beine helfen mußte oder ob es eben angezeigt erschien, ihn wieder auszuwaschen. Hier im Osten waren immer gerade die anderen zu haben, und so manches junge Mädel setzte seinen guten Ruf aufs Spiel und alles auf die eine Desperadokarte – auf den individuellen Sockenschmuggel. Seinerzeit beschäftigte selbst Schriftsteller das Phänomen der Fußbekleidung; ein zu jener Zeit noch hoffnungsvoller Autor, der es in der Folge aber nur zum namentlich nicht nennenswerten Zigarettenraucher brachte und sich in den späten siebziger Jahren mittels eines »Kippenberg«-Romanes selbst ein Denkmal setzen wollte, schrieb die Reportage von der »Dame Perlon«, die die Wunder der Chemie aus volkseigenen Alchemistenküchen holte und zu Prosa vollsynthetischer Natur verzischte. Mancher, dem der feine Unterschied am Damenballen weniger bedeutet, mag sie leicht mit jener Evelyn Nylon durcheinanderbringen, die sich lange vor der Perlondame in diversen Comics spreizte. Später gab ihr Schöpfer zu, die Millionärstochter verdanke sich wie viele seiner hingeworfenen Geschöpfe nur der Vollanästhesie mit Rotwein, diesen Mut vermochte der kaum weniger versüffelte Reporter seiner Dame Perlon gegenüber niemals aufzubringen. Heute aber setzt hier niemand der Jeanne-

Karl-Marx-Allee, Ecke Koppenstraße, 1953

»Große Modenschau der HO. U. B. z.: Zur großen Freude der anwesenden Berliner waren der Stellvertreter des Ministerpräsidenten Walter Ulbricht und seine Gattin unter den Besuchern.«

d'Arc-Bewegung vor dem Strumpfregal von damals einen Stein, obwohl der Unmut über eine unerwünschte Masche seinerzeit mehr Lebensweichen eingerichtet hat als alle frohgemuten Überholversuche, welche männerbündlerische Sokkengremien hier ersonnen. Auch die Stützstrumpfhose Form-Fit mochte nicht verhindern, daß das Rückgrat mancher Bürgerin sich patriotisch leicht verschlissen zeigte; zwar verkaufte sie sich über alle Maßen gut, doch auch die Bürgerinnen setzten sich noch immer fleißig ab, und so erfüllte sich der Slogan

»Mit der Zeit geht auch die Frau«

ganz unerwartet schnell und ausgesprochen häufig, und die feingerippten Unterhemden hatten immer öfter durchgeschwitzte Träger. Schade, schade um so manche gut gewachsene Frauenbrigade!

Wir erreichen nun endgültig unsere Start- und Zielgerade, die am »Haus Berlin« entlangläuft, das wir ganz am Anfang in den Stand des linken Turms erhoben hatten. In den Zeiten der geschlossenen Gesellschaft war es immer weit geöffnet und berühmt. Natürlich nicht, weil es Franz Fühmann unter seinen Mietern hatte, nach Bobrowski wohl der einzige aus unserem Land, der noch im Pantheon der großen Dichtung dieser Welt ein Unterkommen fand. Vielmehr bei Dienstreisenden stand es hoch im Kurs wie bei Berufssoldaten und bei Fanten artverwandter Sparten, die sehr gern den frischen Gruß erwiderten, mit dem man zum lasziven Treiben unterm Dache bat: »Guten Tag, Herr Nachbar! / Auch in der Nachtbar – im 13. Stock«, so holperte der Spruch hier durch die sesamhafte Glastür mit den handgemalten Punkten aus noch besseren Tagen. Hinter ihr das Biedermeiermobiliar, in dem der Ball der illusionslosen Alleinstehenden sich zur festen Einrichtung gemausert hatte, komplettiert bei Regenwetter von Emailleschüsseln, die den Schmusesound mit blechern-trübsinnigem Ticken untermalten. Schwung besaßen hier allein die Trep-

Wohnungsneubauten Stalinallee, 1952
»Besichtigung durch Besucher aus Sachsen«

penhausgeländer und die messingeingefaßten Schauvitrinen, ausgeschlagen und drapiert natürlich nur mit preußischblauem Samt. Nicht feine Zirkel sollten sich im »Haus Berlin« zerstreuen, man hieß statt »Welcome in the club« die Schaffenden im Klubsessel willkommen. Deren Damen trugen Malimo, das machte knitterfroh und ihre Kleider anfangs bügelarm und später dann ganz bügelfrei. Die Herren gefielen im abwaschbaren Material der Binder, die ihr Dasein Lederimitaten dankten, und die Rohstoffe für diese Moden wurden hier schon in den frühen Sechzigern recycelt, als auch die moderne Wirtschaft noch nicht einmal von dem Wort gehört hatte. Sie stammten allesamt vom Altstoffhandel, der mit seiner unvergleichlichen Behauptung »Schätze in deiner Hand« noch raunend für die Zuführung von alten Lumpen, leeren Flaschen und diversen Altpapieren warb. Und gegen allen kunstpolitischen Verstand »von oben« hatten in dem hohen Hause des Allee-Eingangs schon frühzeitig die »Tanzentartungen« des sittenlosen Westens ihren Sieg über den »sozialistischen Gesellschaftstanz« gefeiert, obwohl gerade der in weitem Maße »Anmut, Schaffenskraft und Lebensfreude« zu vereinen wußte. Auch der Orion und selbst der Lipsy, den die Eheleute Seifert aus der Sachsenmetropole an der Pleiße nur geschaffen hatten, diesen Rock 'n' Roll- und Twisttriumph dem Neuen Menschen zu ersparen, konnten ihn nicht mehr verhindern, und das Tanzstundenphantom erlag der dekadenten Fitness seiner Widersacher. Lipsy, der Lateiner hat es unschwer schon erkannt, hieß ungefähr soviel wie Leipzigerli und war nicht zuletzt ein nie gesungenes Loblied auch auf unsere Messestadt, die sich so gern als Klein-Paris erinnerte, obwohl sich niemals unterm Eiffelturm Besucher in Groß-Leipzig wähnen mochten. Schließlich lag Paris als Messezentrum höchstens auf den Plätzen, doch in Leipzig öffnete der Pavillon des Sowjetvolkes zweimal jährlich seine übergroßen Pforten. Dort, wo in den vierziger Jahren die Hangars für die Junkers standen, blickte man im Frühjahr und im Herbst ins »Schaufenster des Friedens«, das in paradoxer, aber wenig friedlicher Diktion versprach, es würde »alle Lügenmärchen westlicher Regierungen zerschlagen«. Aber weder Leipzig selbst noch die elektrisierte Jugend zeigte sich dem Lipsy aufgeschlossen, Federakrobatik aus den Knien und wildentschlossene Knisterposen galten mehr als das Umfassen einer hoffnungsvollen Mädchentaille; das war ohne Frage seltsam, doch mit Bossa Nova und Calypso sah man auch in Frankfurt und Hannover lange nichts vom Schmuseschieber. Den Verdruß am Lipsy mochte man indes wohl niemandem verdenken, wenn er aus den Boxen gurrte:

»Heute tanzen alle jungen Leute / im Lipsyschritt, nur noch im Lipsyschritt, / heute haben alle jungen Leute den Lipsy gern, /der ist modern. / Heute tanzen alle jungen Leute / im Lipsyschritt, nur noch im Lipsyschritt, / allen hat der Takt sofort gefallen, / sie tanzen mit im Lipsyschritt.«

Immerhin, er hatte Takt, wenn auch nur mäßigen Erfolg, und war den traurigen Versuch bei weitem wert, denn schließlich galt das Offentanzen als genau so schwierig wie das Offenreden, und es dauerte noch lange Zeit, bis beide aus den Nischen auf die Plätze kamen.

Diesen Sieg wird man als Ausgang unserer Geschichte gerne und im milden Licht des Abschieds auch mit Frohsinn konstatieren, denn er ist nicht ohne Logik, mußten wir doch schon an ihrem Eingang den Triumph der übergroßen Lettern unseres neuen Lebens akzeptieren. Niemand ist versucht, den Lauf der Dinge festzuhalten, so wie keiner beispielsweise gleich zum Royalisten taugt, der das Berliner Stadtschloß wieder an die alte Stelle wünscht. Nach so viel Schmerz, Satire, Ironie und triefender Bedeutung mag so mancher doch begreifen, daß ein ideologisch abgestützter Bau noch längst nicht ganz dasselbe ist wie eine baulich abgestützte Ideologie, und noch bis zur Jahrtausendwende dauert unsere Straße die notwendige Rekonstruktion. Die kostet nicht nur Energie genug – kaum eine Schätzung setzt bei weniger als einer halben Milliarde überhaupt erst an, allein die Fallstudie für nur ein Haus belief sich auf rund zwei Millionen Mark, das »Haus Berlin« wird dafür aber nicht wie neu zu haben sein; denn um nur halbwegs wieder in den alten Glanz zu tauchen, braucht es gar zwanzig Millionen Mark, obwohl es unterhalb der Gürtellinie fast umsonst zu haben ist. Geliftet wird wie immer nur die obere Fassade, sie erhält die alten Fliesen wieder und läßt sich dafür nicht lumpen, der Quadratmeter beziffert sich inzwischen auf zweitausend Mark, da muß es unten mit ein wenig Schminke oder anderem Aufputz reichen. Ungewollt kommt so noch einmal fast Vertrautheit auf, Erinnerung an alte Renommierverfahren, wenn diversen Gästen strahlende Kulissen vorzuführen waren. Damals praktizierte man noch das Verfahren »Vorne Putz und hinten Schmutz«, doch mittlerweile heißt es nun dagegen »Oben hui und unten pfui«, gewiß erachtete man gerade im

Unterteil des Hauses manches nicht für so erhaltenswert. Was wird zum Beispiel so mit Bechers holperforschem »Faust«-Pendant, das uns mit kindlich-wackerer Poesie aus der Allee entläßt, wie uns der »freie Mensch auf freiem Grunde« vis-à-vis am »Haus des Kindes« seinerzeit um Eintritt bat? Vielleicht auch hält man den furiosen Vers für gar nicht so erneuerungsbedürftig wie gemeinhin angenommen, milde Musen gibt es schließlich nach wie vor, die teure Poesie zu schätzen wissen, ganz besonders, wenn sie mit so direktiven Zeilen wie der ersten anhebt: »Als wir aber dann beschlossen ...« Mancher dünkelhafte Poetaster mag die Schlappe schon vergessen haben, daß er sich an einem früheren Orte unseres Bummels fälschlich auf die Zeile »Hohe Leistungen in der Produktion – Walter Ulbricht zu Ehren, uns allen zum Nutzen« für die lächerlichste Reimvariante »Lohn« entschieden hatte, wir indes wollen ihn nicht ohne die poetische Gelegenheit entlassen, sich ein letztes Mal am Realismus zu versuchen und dem Wort »beschlossen« einen angemessenen Reim zu stiften. »Als wir aber dann beschlossen endlich unserer / Kraft zu trauen und ein schönres Leben aufzu / bauen haben Kampf und Müh uns ...« Wer noch kann, wenn er bis hierher all den Zeilen folgen mochte, ehrlich von sich sagen, er sei nicht dabeigewesen, keiner von den vielen, übervielen, die an dieser Stelle fortgedichtet hätten, »die Genossen«, welche doch bekanntermaßen schöne Leben per Beschluß verfügten. Doch die starken Augenblicke des Kulturministers stehen heute in Stein gehauen und beschämen westliche Anakreontiker der schlichten Denkungsart, denn Becher hatte kummerlos und ohne größere Sendung schon geschlossen: »... nicht verdrossen.«

Teure, allzu teure Poesie, mag man zum Schluß sich noch einmal mit einem anderen großen Mann erinnern, dessen Worte irgendwann durch unsere Straße hallten und besonders den verstiegenen Luxus tadelten, der uns schon zu Beginn des Weges grübeln machte, doch: die Schönheit, sie soll bleiben, erst einmal vor allem billig und erschwinglich. Der erneute

Baubeginn kann nicht mehr unbekümmert zu den Schaufeln rufen oder schelmisch Fragen stellen, deren Antwort die Geschichte des vereinten Volkes geben sollte:

»Ist es möglich? / Es ist möglich; / wenn das Volk seine Sprache, / die Sprache des Fortschritts zu reden beginnt, / ist jede Kulturtat möglich.«

Wir ergänzen mit historisch angespartem Wissen, wenn man sie bezahlen kann, denn ihre notwendigen Gelder kann man beispielsweise schlecht dem Hansa-Viertel nehmen, immerhin war es die West-Berliner Kampfansage an die Wohnpaläste Walter Ulbrichts, so viel Anstand gegenüber der Geschichte muß gewahrt sein, außerdem liegt es wie unsere Straße an der großen Achse, deren Gegenpol wir schlechterdings in der vereinten Stadt dem neuen Wettbewerbe opfern können. Denn seit 1957 ist er alles andere als jung und schön geblieben, überdies ist jener Kampf Geschichte und verloren, denn das Hansa-Viertel ist nun ohnehin in unseren Besitz gegangen. So wie auch im übrigen der zu Beginn unseres Spaziergangs schon erwähnte Kölner Dom, doch der wird ja sogar seit gut achthundert Jahren schon nicht fertig.

Bildnachweis

ADN/Bundesarchiv Koblenz: Seiten 15, 19, 21, 29, 30, 35, 36, 39, 47, 53, 59, 65, 81, 83, 91, 125, 127, 131, 135.

Archiv des Autors: Umschlagfoto, sowie Seiten 13, 20, 49, 52, 61, 71, 111, 119.

Landesbildstelle Berlin: Seiten 6, 7, 9, 10, 41, 45, 57, 62, 64, 74, 79, 89, 107, 129, 137.

AtV

Band 1562

Tilo Köhler
Kohle zu Eisen – Eisen zu Brot

Die Stalinstadt

Mit 37 Abbildungen
118 Seiten
ISBN 3-7466-1562-3

»Schamlos kenntnisreich« (Berliner Zeitung) und mit kuriosen Geschichten führt der feuilletonistische Spaziergang durch die DDR-Geschichte nach Stalinstadt (ab 1961 Eisenhüttenstadt), das einst als sozialistische Musteroase geplant war.